Miriam Dornemann

Tolle Geschenke
selbst genäht

6 Geschenke für Frauen

40 Geschenke für Kinder

74 Geschenke für Männer

98 Allgemeine Anleitung

Schenken ist etwas Wunderbares. Vor allem, wenn das Geschenk nicht nur sorgfältig ausgesucht, sondern zusätzlich noch liebevoll selbst gemacht ist. Mit solch einer Aufmerksamkeit, die von Herzen kommt, die individuell auf den Empfänger abgestimmt, nur für ihn gemacht und mit Herzblut gefertigt wird, können wir viel aussagen: Wie sehr der Andere uns am Herzen liegt, dass wir uns viele Gedanken gemacht haben und dass uns der Andere die Zeit und Arbeit wert ist.

In diesem Buch finden Sie ein Füllhorn an kreativen Geschenkideen zum Selbernähen. Manche sind klein, andere etwas größer, aber Sie finden auf jeden Fall etwas für jeden: ob klein oder groß, jung oder alt; ob die beste Freundin beschenkt werden soll, der Ehemann oder das Patenkind. Alle Geschenke sind wunderschön, durchdacht und nützlich. Und dank der leicht verständlichen Schritt-für-Schritt-Anleitungen und Zeichnungen ist keine der Geschenkideen mühevoll nachzuarbeiten: Im Gegenteil, hier macht das Nähen mindestens genauso viel Spaß wie das Schenken!

Dabei gilt immer: Alle Geschenke kann man auch umfunktionieren! Ihre Schwiegermutter kann man mit Rosa jagen? Dann schenken Sie ihr doch den neutral gehaltenen Nackendackel! Schon durch die Stoffwahl können Sie sich nach den Vorlieben Ihrer Liebsten richten. Kombinieren Sie, wie es am besten zum Beschenkten passt und wie es Ihnen am besten gefällt.

Jetzt wünsche ich Ihnen viel Spaß beim Nähen und Verschenken!

Ihre

Miriam Dornemann

Geschenke für Frauen

Ob für die beste Freundin, die Mutter, Großmutter oder Lieblingskollegin: Es ist leicht, Frauen etwas zu schenken. Aber manchmal soll es eben etwas Besonderes sein. Und wie heißt es so schön? „Kleine Geschenke erhalten die Freundschaft, große machen sie auch nicht kaputt." In diesem Kapitel finden Sie zehn mit viel Liebe gestaltete, einzigartige große und kleine Geschenke zum Nacharbeiten. Mit den außergewöhnlich schönen Einzelstücken zeigen Sie, wie viel die Beschenkte Ihnen wirklich bedeutet und dass sie für Sie die Beste ist.

Kosmetiktäschchen Seite 18

Schmuckschale
Seite 24

Stoffspule Seite 26

Utensilo
Seite 28

Lampenschirm
Seite 30

Union-Jack-Quilt
Seite 32

Kissenhülle
Seite 34

Cookie-Verpackung
Seite 36

Kosmetiktäschchen

SCHWIERIGKEITSGRAD 3

GRÖSSE
große Tasche 24 cm x 15 cm x 6 cm

MATERIAL
Oberstoff 1: Baumwolle in Natur, 40 cm x 40 cm

Oberstoff 2: Baumwolle in Hellgrün, 40 cm x 20 cm

Oberstoff 3: Baumwolle in Hellblau mit Tropfen, 30 cm x 35 cm

Futterstoff: Baumwolle in Hellbau mit Tropfen, 30 cm x 45 cm

Vlieseinlage: Vlieseline H 405, 30 cm x 45 cm

Reißverschluss in Hellblau, 24 cm lang

Filz in Rot, Rest

Stickgarn in Grün, Rest

Knopf mit Stoffbezug in Hellblau, ø 18 mm

2 Knöpfe mit Stoffbezug in Hellgrün, ø 13 mm

Dekoband in Hellgrün, Rest

SCHNITTMUSTERBOGEN A

Hinweis Die Stoffe sind alle im Stoffpaket „Leonie" enthalten. Dazu passen die Stoffknöpfe „Leonie".

KOSMETIKTÄSCHCHEN

NAHTZUGABEN
Stoffe und Vlieseinlagen mit 1 cm Nahtzugabe zuschneiden.

Oberstoff 1	2x Schnittteil „Kosmetiktäschchen Seite" (vor dem Zuschneiden die Vorlage an den Markierungen aufschneiden)
	1x Schnittteil „Kosmetiktäschchen Boden"
Oberstoff 2	6x Schnittteil „Kosmetiktäschchen Plisseefalte"
Oberstoff 3	2x Schnittteil „Kosmetiktäschchen Raffung"
Futterstoff	2x Schnittteil „Kosmetiktäschchen Seite" (nicht durchgeschnittene Vorlage)
	1x Schnittteil „Kosmetiktäschchen Boden"
Vlieseinlage	2x Schnittteil „Kosmetiktäschchen Seite" (nicht durchgeschnittene Vorlage)
	1x Schnittteil „Kosmetiktäschchen Boden"

ANLEITUNG

1... Die Vlieseinlage auf die Zuschnitte aus Futterstoff bügeln. Für jede Taschenseite die vier Stoffstreifen aus Oberstoff 1 an die drei Stoffstreifen aus Oberstoff 2 nähen. Es entsteht eine Art breiter Zebrastreifen aus den Oberstoffen 1 und 2.

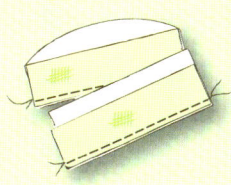

Von Hand die Blütenstängel und Blätter aufnähen, eine Blüte aus Filz zuschneiden und mit den Knöpfen aufnähen. Damit die Streifen aus Oberstoff 2 in den Plisseefalten verschwinden, die Nahtkanten zur Mitte des Oberstoffes 2 falzen und flachbügeln. Dann den oberen und unteren Rand knapp an der Kante abnähen, damit beim weiteren Verarbeiten nichts verrutscht.

2... Für die Raffung den Oberstoff 3 gemäß der Angaben auf dem Schnittmuster in Berg- und Talfalzen legen und flachbügeln. Das gefalzte Stoffstück auf eine Seite der Tasche legen und am unteren Rand mit Stecknadeln fixieren. Dann die obere Falzung aufklappen und entlang des Talfalzes mit der Nähmaschine absteppen. Wenn die obere Falzung wieder nach unten geklappt wird, verschwindet die Naht unter dieser, zusätzlich ist der untere offene Stoffrand mit fixiert. Dann die seitlichen Ränder und den oberen Rand knapp absteppen, um späteres Verrutschen zu verhindern.

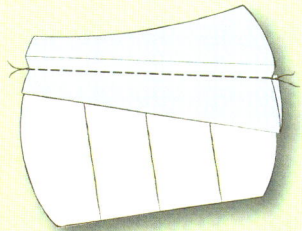

3... Den Reißverschluss an den oberen Rand einer Taschenseite mit Stecknadeln heften, sodass der Reißverschluss-Schieber zur rechten Stoffseite der Tasche zeigt. Der Rand des Reißverschlusses ist dabei zum Stoffrand hin gerichtet. Den Reißverschluss entlang des Bogens festnähen.

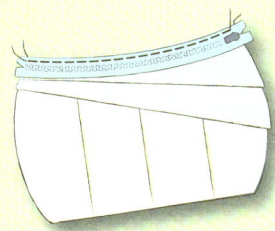

Dann eine Taschenseite aus Futterstoff rechts auf rechts auf die Tasche aus Oberstoffen legen, der Reißverschluss liegt nun zwischen den Stofflagen. Mit Stecknadeln fixieren und die Tasche umdrehen. Auf der linken Stoffseite ist nun die Naht zu sehen. Genau auf dieser Naht nochmals nähen, damit werden Ober- und Futterstoff mit dem Reißverschluss verbunden.

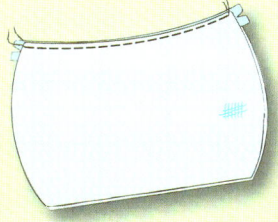

4... Die zweite Seite der Tasche nach dem gleichen Prinzip an den Reißverschluss nähen. Dann die Tasche so legen, dass der Reißverschluss in der Mitte liegt, auf einer Seite rechts auf rechts die Tasche aus Oberstoff, auf der anderen Seite rechts auf rechts die Tasche aus Futterstoff. Den Reißverschluss dabei öffnen, so lässt sich die Tasche später einfacher wenden. Nun die Seiten schließen. Dabei auf der Seite des Futters eine Öffnung zum Verstürzen lassen.

5... Den unteren Rand der Tasche aus Oberstoff an den Boden (ebenfalls aus Oberstoff) nähen. Dazu zeigen die rechten Stoffseiten von Boden und Seiten zueinander, die Markierungen liegen dabei übereinander. Dann die Ränder aneinander nähen. Mit dem Boden aus Futterstoff ebenso verfahren. Die Tasche durch die Wendeöffnung auf rechts verstürzen und die Öffnung von Hand verschließen. Dann die Tasche aus Futterstoff in die Tasche aus Oberstoff schieben und die Nähte vorsichtig bügeln.

MINITÄSCHCHEN

NAHTZUGABEN
Stoffe mit 1 cm Nahtzugabe zuschneiden.

ANLEITUNG
Die Minitasche gemäß den Punkten 2-4 der Anleitung für die große Tasche nähen. Nach Punkt 4 – also nach dem Schließen der Seitennähte – an den vier Ecken jeweils die Seitennaht auf die Bodennaht legen und die seitlichen kleinen Abnäher laut Zeichnung schließen. Dann die Tasche durch die Wendeöffnung verstürzen und das Loch von Hand schließen. Die Tasche aus Futterstoff in die Tasche aus Oberstoff schieben und alle Nähte vorsichtig flachbügeln.

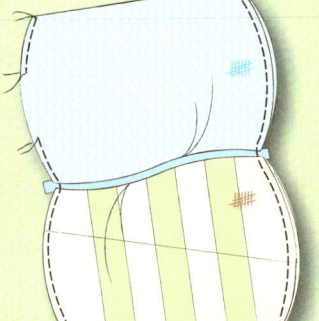
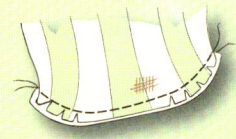
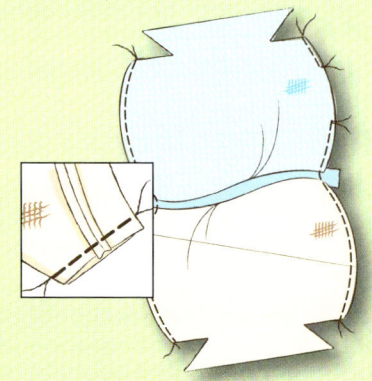

Tipp Sie können die Tasche auch ohne die Plissee-Falten nähen. Dazu bügeln Sie ganz einfach die Vlieseinlage auf die Zuschnitte aus Oberstoff 1, den Sie nicht auseinanderschneiden (Oberstoff 2 ist hier ebenfalls nicht nötig). Dann nähen Sie die Tasche gemäß der Punkte 2-5 der Anleitung oben. Ein Bild der fertigen Tasche sehen Sie auf Seite 13.

Oberstoff 1	1x Schnittteil „Minitäschchen Seite" im Stoffbruch
Oberstoff 2	2x Schnittteil „Minitäschchen Raffung"
Futterstoff	1x Schnittteil „Minitäschchen Seite" im Stoffbruch

SCHWIERIGKEITSGRAD 2

GRÖSSE
12 cm x 8 cm x 3 cm

MATERIAL
Oberstoff 1: Baumwolle in Natur, 20 cm x 25 cm

Oberstoff 2: Baumwolle in Hellblau mit Tropfen, 15 cm x 25 cm

Futterstoff: Baumwolle in Hellblau mit Tropfen, 20 cm x 25 cm

Reißverschluss in Hellblau, 13 cm lang

Filz in Rot, Rest

Knopf mit Stoffbezug in Hellblau, ø 18 mm

SCHNITTMUSTERBOGEN A

Hinweis Die Stoffe sind alle im Stoffpaket „Leonie" enthalten. Mit einem Stoffpaket lassen sich sowohl das Kosmetiktäschchen als auch das Minitäschchen nähen.

Stoffbrosche

SCHWIERIGKEITSGRAD 1

GRÖSSE
ø 8 cm

MATERIAL
Stoffreste aus Baumwolle in verschiedenen Farben

Knopf in passender Farbe, ø 2,3 cm

Heißklebepistole oder Textilkleber

Filzrest

Stecknadel oder Haarklemme

NAHTZUGABEN
Stoff ohne Nahtzugabe zuschneiden.

ANLEITUNG

1... Eine lange Seite des Stoffstreifens zweimal knapp nach links umschlagen und absteppen. Dann die kurzen Seiten des Stoffstreifens rechts auf rechts übereinander legen, zusammennähen und so den Streifen zum Ring schließen. Dann entlang der offenen langen Seite im Heftstich nähen.

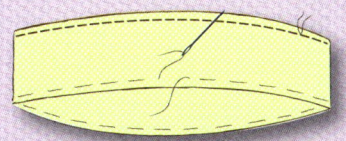

2... Den Faden an beiden Enden raffen und die lange Seite zusammenziehen. So ergibt sich eine Kreisform. Die Fadenenden verknoten.

3... Die Stoffkreise aus Oberstoff 3 in der Mitte falzen, die linke Stoffseite liegt innen. Dann vom rechten Rand etwas mehr als 1/3 des Kreises nach links falzen. Mit Stecknadeln oder etwas Klebstoff fixieren. Alle fünf gefalzten Kreise zu einem großen Kreis zusammensetzen. Jedes einzelne Element dabei etwas versetzt auf das darunter liegende legen, in der Mitte treffen sich die mittleren Falze. Das fünfte Element wird auf das vierte gelegt und dann unter das erste geschoben, so ist kein Anfang der kreisförmigen Blüte erkennbar. Alles mit etwas Klebstoff fixieren.

4... Die beiden Kreise auf den Filzkreis kleben, in der Mitte einen Knopf befestigen. Auf der Rückseite der Blüte eine Stecknadel oder eine Haarklemme mit Klebstoff befestigen und ggf. etwas festnähen.

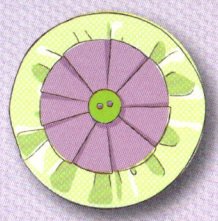

Tipp Die Stoffbroschen eignen sich auch wunderbar als Geschenkverzierung!

Oberstoff 1	1x Streifen für äußeren Blütenkreis, 30 cm x 5 cm
Oberstoff 2	5x Stoffkreise, ø 5 cm
Filz	1x Filzkreis, ø 4 cm

GESCHENKE FÜR FRAUEN

Schmuckschale

SCHWIERIGKEITSGRAD 3

GRÖSSE
große Schale ø 14,5 cm, Höhe 5 cm
kleine Schale ø 11,5 cm, Höhe 4 cm

MATERIAL
GROSSE SCHALE
Oberstoff: Baumwolle, 50 cm x 25 cm

Vlieseinlage 1: Decovil Light,
25 cm x 25 cm

Vlieseinlage 2: Vlieseline S 320,
25 cm x 25 cm

KLEINE SCHALE
Oberstoff: Baumwolle, 40 cm x 20 cm

Vlieseinlage 1: Decovil Light,
20 cm x 20 cm

Vlieseinlage 2: Vlieseline S 320,
20 cm x 20 cm

SCHNITTMUSTERBOGEN B

NAHTZUGABEN

Stoffe mit 1 cm Nahtzugabe zuschneiden. Vlieseinlage ohne Nahtzugabe zuschneiden, beim Decovil nur die grau unterlegten Flächen zuschneiden.

Oberstoff	2x Schnittteil „Schmuckschale groß" bzw. „Schmuckschale klein"
Vlieseinlage 1	1x Schnittteil „Schmuckschale groß" bzw. „Schmuckschale klein" (nur grau unterlegte Fläche!)
Vlieseinlage 2	1x Schnittteil „Schmuckschale groß" bzw. „Schmuckschale klein"

ANLEITUNG

1... Decovil auf eine Seite der Zuschnitte bügeln, es ist an den Falzstellen unterbrochen, so lässt sich die Schale leichter falzen und sieht später ordentlicher aus. Auf den anderen Stoffzuschnitt die Vlieseinlage 2 bügeln.

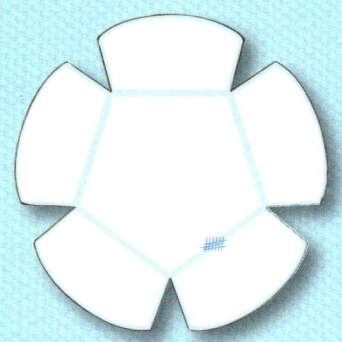

Dann die jeweils nebeneinanderliegenden Seitenwände rechts auf rechts legen und die Naht zwischen Boden und den Kanten der Seitenwände schließen. Sowohl bei der Oberseite als auch bei der Unterseite der Schale alle fünf Nähte schließen.

2... Beide Seiten der Schale ineinander legen, die rechten Stoffseiten zeigen zueinander. Dann den oberen gebogenen Rand – abgesehen von einer Wendeöffnung – schließen. Die Schale auf rechts wenden, die Ränder flachbügeln und die Nahtzugabe an der Wendeöffnung sauber nach innen schieben. Dann den oberen Rand der Schale nochmals absteppen.

Tipp *Verdoppeln Sie die Größe der Schnittvorlage und nähen Sie eine große Schale. Vielleicht wird das Ihr neuer Brotkorb? Beachten Sie bei größeren Schalen, dass sie mehr Stand brauchen. Verwenden Sie Vlieseline S520 anstelle von S320.*

Stoffspule

SCHWIERIGKEITSGRAD 1

GRÖSSE
9 cm x 12 cm

MATERIAL
Oberstoff: Baumwolle, 25 cm x 15 cm

Vlieseinlage: Decovil Light,
10 cm x 13 cm

Öse in Silber, ø 12 mm

Dekoband, Rest

SCHNITTMUSTERBOGEN B

NAHTZUGABEN

Stoff mit 1 cm Nahtzugabe zuschneiden. Vlieseinlage ohne Nahtzugabe zuschneiden.

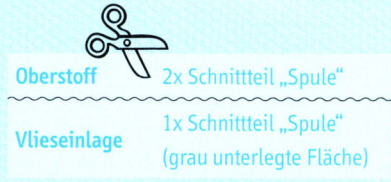

Oberstoff	2x Schnittteil „Spule"
Vlieseinlage	1x Schnittteil „Spule" (grau unterlegte Fläche)

ANLEITUNG

1... Die Zuschnitte aus Oberstoff rechts auf rechts legen und am Rand zusammennähen. Dabei eine Öffnung zum Wenden an der geraden Naht lassen. Dann die Spule verstürzen und flachbügeln.

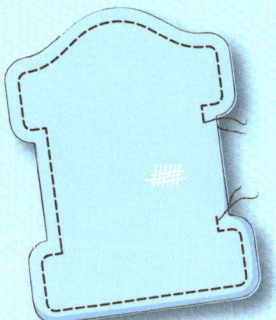

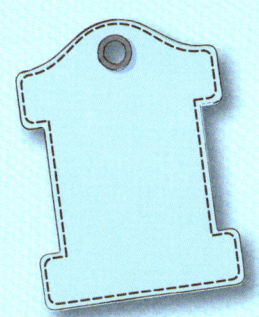

Tipp Für ein genaues Nähen der Spule (sonst passt das Decovil nicht in die Spule) die Naht mit einem Trickmarker vorzeichnen.

2... Durch die Wendeöffnung das Decovil vorsichtig in die Spule schieben und durch heißes Bügeln fixieren. Der Zuschnitt aus Decovil ist etwas kleiner als die Spule, die starke Einlage liegt so flach in der Spule. Den Rand der Spule nochmals knappkantig absteppen, die Wendeöffnung dabei schließen. Die Metallöse nach Herstellerangaben anbringen und ein Bändchen an der Öse befestigen. Dann das Geschenk-, Deko- oder Webband um die Spule wickeln.

Utensilo

SCHWIERIGKEITSGRAD 1

GRÖSSE
21 cm x 65 cm

MATERIAL
Oberstoff 1: Baumwolle in Braun gestreift, 65 cm x 70 cm

Oberstoff 2: Baumwolle in Braun-Hellblau gepunktet, 25 cm x 25 cm

Vlieseinlage 1: Decovil, 21 cm x 65 cm

Vlieseinlage 2: Vlieseline H 250, 25 cm x 25 cm

Schrägband in Hellgelb, 230 cm

Wachstuch transparent, 20 cm x 50 cm

6 Druckknöpfe in Braun, ø 10 mm

Anorakkordel in Creme, 150 cm

Aufnäher Herz im Alpenliebe-Style

Holzbügel mit Stange

evtl. gewebefreies doppelseitiges Klebeband und Textilkleber

SCHNITTMUSTERBOGEN A

Tipp Die Kordel kann natürlich auch zweckentfremdet werden, zum Beispiel als Deko-Objekt oder Geschenkband!

NAHTZUGABEN

Stoffe und Vlieseinlagen mit 1 cm Nahtzugabe zuschneiden, Decovil und Wachstuch ohne Nahtzugabe zuschneiden.

ANLEITUNG

1... Die Zuschnitte aus Vlieseinlage auf die linken Stoffseiten der entsprechenden Teile aus Oberstoff bügeln. Dann jeweils zwei Schlaufen rechts auf rechts legen und gemäß Abbildung zusammennähen. Die Schlaufen auf rechts drehen und flachbügeln.

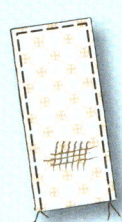

Oberstoff 1	2x Schnittteil „Träger" im Stoffbruch
	2x Stoffstreifen für Quaste, 10 cm x 35 cm
Oberstoff 2	6x Schnittteil „Schlaufe"
Wachstuch	3x Schnittteil „Wachstuch"
Vlieseinlage 1	1x Schnittteil „Träger" im Stoffbruch
Vlieseinlage 2	6x Schnittteil „Schlaufe"

2... Das Schrägband in der Mitte falzen und flachbügeln. Dann das Schrägband um die obere Kante (die 17 cm lange Kante) der Wachstuchstücke legen und festnähen. Überstehende Ränder abschneiden. Das Schrägband um die anderen drei Kanten legen und vorsichtig mit Stecknadeln oder gewebefreiem doppelseitigem Klebeband befestigen, jedoch nicht nähen.

3... Die Schlaufen gemäß Schnittvorlage auf die rechte Stoffseite des Trägers legen, dann den zweiten Zuschnitt des Trägers rechts auf rechts darauf legen. Am Rand – mit ca. 2 mm Abstand zum Decovil – zuammennähen, in der Mitte der langen Seite eine Öffnung zum Wenden lassen. Der kleine Abstand zwischen Naht und Decovil sorgt dafür, dass später das Utensilo flach liegt und keine wulstigen Nähte entstehen. Den Träger auf rechts wenden, bügeln und am Rand nochmals absteppen.

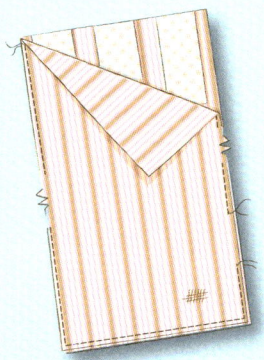

4... Die Taschen aus Wachstuch auf dem Utensilo anordnen, dann an den Seiten und am unteren Rand festnähen. Gemäß Schnittvorlage die Druckknöpfe anbringen. Zum Schluss das Herz am Rand der unteren Tasche aufnähen. Das Utensilo am Bügel befestigen.

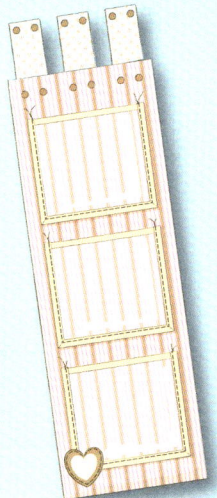

5... Für die Quasten die Stoffstücke gemäß Abbildung einschneiden. Dann am oberen Rand Textilkleber anbringen, das Kordelende auflegen und die Quaste aufrollen. Am Ende mit etwas Textilkleber das Stoffende fixieren. Am anderen Ende der Kordel eine weitere Quaste anfertigen und die Kordel am Bügel verknoten. Wer keinen Textilkleber hat, kann die Quaste auch problemlos von Hand festnähen.

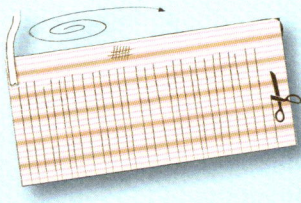

Lampenschirm

SCHWIERIGKEITSGRAD 2

GRÖSSE

Da es unzählige Größen an Lampenschirmen gibt, wird das Erstellen eines eigenen Schnittmusters erklärt. Die Zuschnitte richten sich dann nach Ihrer eigenen Schnittvorlage.

MATERIAL

Stoff in Helllila gepunktet, Grün gepunktet und Weiß geblümt (z. B. von Stoffpaket „Amelie")

Stoffstreifen in Dunkellila, 6 cm x (Umfang des Lampenschirms x 3,5)

Zackenlitze in Weiß

Dekoband in Hellgrün

gewebefreies doppelseitiges Klebeband (z. B. Stylefix)

Papierrest für Schattenbild

großer Papierbogen für Schnittmuster

Lampenschirm, bespannt mit hellem Stoff

SCHNITTMUSTERBOGEN A

NAHTZUGABEN

Stoffe mit 1 cm Nahtzugabe zuschneiden.

ANLEITUNG
ERSTELLEN EINER SCHNITTVORLAGE

1... Einen großen Bogen Papier um den Lampenschirm wickeln. Eine Kante des Bogens liegt genau senkrecht auf dem Lampenschirm (als Anhaltspunkt kann die senkrechte Naht am Lampenschirm verwendet werden), diese Kante mit Klebestreifen fixieren. Dann das Papier komplett um den Lampenschirm wickeln und das andere Ende ebenfalls mit einem Stück Klebestreifen fixieren. Am Rand des Lampenschirms eine Linie auf das Papier zeichnen, auch die senkrechten Kanten auf dem Papier einzeichnen. Dann das Papier abwickeln und die gezeichnete Vorlage ausschneiden. Zum Überprüfen noch mal um den Lampenschirm legen und ggf. die Schnittvorlage korrigieren.

2... Für den Patchwork-Look die Vorlage an mehreren Stellen durchschneiden. Dazu die Vorlage zusammenknicken, sodass die beiden Teile genau übereinander liegen, dadurch ergibt sich eine senkrechte Linie. An der Linie die Vorlage durchschneiden. Nun haben Sie die einzelnen Bestandteile Ihres Lampenschirms als Schnittvorlage.

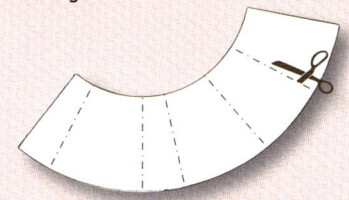

NÄHEN DES LAMPENSCHIRMS

1... Die einzelnen Teile des Lampenschirms auf die gewählten Stoffe legen und mit Nahtzugabe ausschneiden. Dann die einzelnen Teile des Lampenschirms an den geraden Seiten zusammennähen und die Naht flachbügeln.

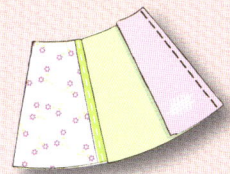

Die Dekobänder mit Stylefix auf die Naht kleben und am Rand absteppen. Die Zackenlitze mit Stecknadeln auf der Naht fixieren und mit einem geraden Stich aufnähen. Den oberen Rand 1 cm nach links umschlagen und festnähen. Mit dem unteren Rand ebenso verfahren.

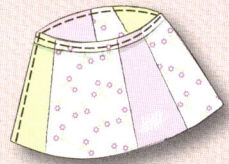

2... Für die Rüschen beide Längsseiten des Stoffstreifens zweimal schmal zur linken Stoffseite umknicken und festnähen. Besonders einfach geht das mit einem Rollsäumer, einem speziellen Nähfuß zum Nähen von schmalen Säumen. Dann den Stoffstreifen locker in Falten legen und mit Stecknadeln fixieren. Auf die untere Naht des Lampenschirms legen und die Rüschenborte mit dem Lampenschirm verbinden. Die schmale Kante der Rüschenborte nach hinten klappen und ordentlich versäumen. Dann den genähten Lampenschirm über die Lampe stülpen.

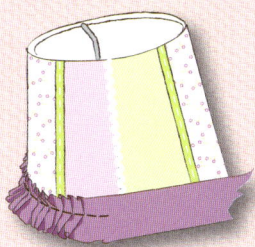

3... Für die Schmetterlings-Schattenspiele die Vorlage für den Schmetterling auf festes Papier übertragen, ausschneiden und zwischen die „beiden" Lampenschirme schieben. Licht anknipsen und freuen.

Tipps Nach dem gleichen Prinzip kann man eine Schnittvorlage für Blumentöpfe oder Papierkörbe entwerfen.
Die Anleitung zur Stoffbrosche finden Sie auf Seite 22. Zusätzlich wurde hier noch ein Kreis aus Dekoband-Blütenblättern eingefügt.

Union-Jack-Quilt

SCHWIERIGKEITSGRAD 2

GRÖSSE
125 cm x 180 cm

MATERIAL

Oberstoff 1: Baumwolle in Dunkelblau, 140 cm x 380 cm

Oberstoff 2: Baumwolle in Rohweiß, 130 cm x 140 cm

Oberstoff 3: Baumwolle in Dunkelrot, 130 cm x 60 cm

Volumenvlies P 140, 135 cm x 190 cm

Bügelbild mit Wappen

ca. 20 Beutel Schwarztee

NAHTZUGABEN
Stoffe und Vlieseinlage ohne Nahtzugabe zuschneiden.

ANLEITUNG

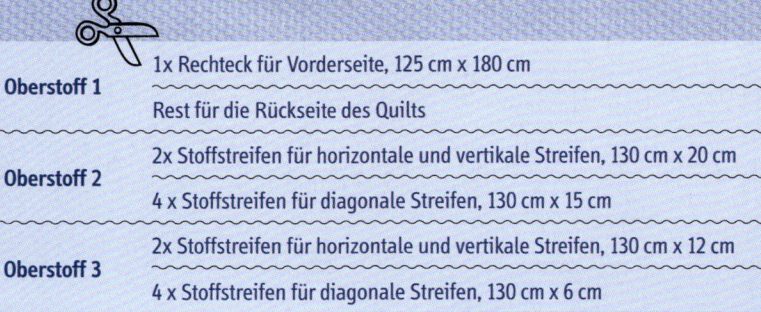

Oberstoff 1	1x Rechteck für Vorderseite, 125 cm x 180 cm
	Rest für die Rückseite des Quilts
Oberstoff 2	2x Stoffstreifen für horizontale und vertikale Streifen, 130 cm x 20 cm
	4 x Stoffstreifen für diagonale Streifen, 130 cm x 15 cm
Oberstoff 3	2x Stoffstreifen für horizontale und vertikale Streifen, 130 cm x 12 cm
	4 x Stoffstreifen für diagonale Streifen, 130 cm x 6 cm

1... Den blauen Stoff in der Mitte falzen, dann auf einer Seite zunächst die weißen diagonalen Stoffstreifen, dann die roten diagonalen Stoffstreifen gemäß der Vorlage anordnen und feststecken. Dann die Streifen ca. 5 mm vom Rand festnähen, damit die Stoffränder im Laufe der Zeit ausfransen können.

Nach dem gleichen Prinzip die horizontalen und vertikalen Stoffstreifen aufnähen.

2... Den übrigen dunkelblauen Stoff ausbreiten, die linke Stoffseite zeigt nach oben. Darauf das Volumenvlies und die Vorderseite der Decke mit dem Motiv ausbreiten. Das Flaggenmotiv zeigt dabei nach oben. Alle drei Lagen mit Stecknadeln (oder mit speziell gebogenen Quilt-Sicherheitsnadeln) fixieren. Das Vlies so abschneiden, dass es mit der Vorderseite der Decke abschließt. Die Ränder der Deckenrückseite begradigen, dabei jedoch einen Stoffstreifen stehen lassen, der die Vorderseite ca. 5 cm überlappt. Diesen überstehenden Rand einmal nach innen klappen, dann den Rand auf die vordere Stoffseite falzen, die offenen Stoff- und Vliesränder verschwinden damit unter dem Stoffstreifen. Alles mit Stecknadeln fixieren und festnähen.

3... Durch Steppnähte die drei Lagen zusammennähen; am Rand des weißen Stoffs und auf der Deckenhälfte ohne Flaggenmotiv gerade Linien einnähen. Zum Schluss das Bügelbild gemäß Gebrauchsanweisung aufbügeln.

4... Für den „Used Look" einen starken Tee kochen. Heißes Wasser in die Badewanne oder eine große Plastikwanne füllen, sodass die Decke knapp unter Wasser liegt. Den Tee mit den Teebeuteln dazugießen und mehrere Stunden ziehen lassen. Nach dem Färben die Decke gut trocknen lassen.

Kissenhülle

NAHTZUGABEN

Stoffe mit 1 cm Nahtzugabe zuschneiden. Auch bei der aufgeschnittenen Kissenhülle an den Schnittstellen je 1 cm zugeben, hier wird später der Reißverschluss festgenäht.

ANLEITUNG

1... Zunächst den Reißverschluss an den Stoff für die Rückseite nähen. Dazu die Nahtzugaben 1,5 cm nach links legen, flachbügeln und an den Reißverschluss nähen. Die Lücke zwischen den Stoffen beträgt dabei 1 cm, dort ist der Reißverschluss sichtbar.

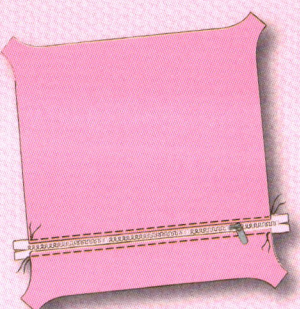

2... Die Markierungen an den Zipfeln an die Markierung des Kissens legen und zusammennähen. An allen acht Ecken wiederholen.

Oberstoff 1	1x Schnittteil „Kissenhülle"
	1x Schnittteil „Kissenhülle" (vor dem Zuschneiden die Vorlage an den Markierungen aufschneiden)
Oberstoff 2	8x Schnittteil „Zipfel"

3... Dann Vorder- und Rückseite des Kissens rechts auf rechts legen und mit Stecknadeln fixieren. Den Reißverschluss bis zur Hälfte öffnen und den äußeren Rand des Kissens schließen. Die Nähte gut versäubern, da die Kissenhülle kein Futter bekommt. Dann das Kissen auf rechts wenden und die vier Zipfel verknoten.

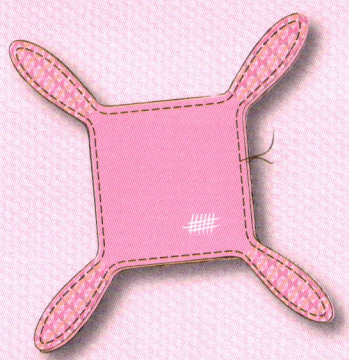

SCHWIERIGKEITSGRAD 2

GRÖSSE
50 cm x 50 cm, zzgl. Knoten an den Ecken

MATERIAL
Oberstoff 1: Baumwolle in Rosa geblümt, 120 cm x 70 cm

Oberstoff 2: Baumwolle in Rosa-Orange gemustert, 80 cm x 60 cm

Reißverschluss in Rosa, 55 cm lang

SCHNITTMUSTERBOGEN A

Cookie-Verpackung

SCHWIERIGKEITSGRAD 2

GRÖSSE
geschlossen 12,5 cm x 12,5 cm

MATERIAL
Oberstoff: Baumwolle, 25 cm x 40 cm
Futterstoff: Baumwolle, 25 cm x 40 cm
Folie (PVC-Tischdecke), Rest
Vlieseinlage: Decovil Light, 25 cm x 40 cm
Dekoband zum Verschließen

SCHNITTMUSTERBOGEN B

Oberstoff	1x Schnittteil „Cookie-Verpackung"
	1x Zuschnitt für Ausschnitt, 10 cm x 10 cm
Futterstoff	1x Schnittteil „Cookie-Verpackung"
	1x Zuschnitt für Ausschnitt, 10 cm x 10 cm
Vlieseinlage	1x Schnittteil „Cookie-Verpackung" (grau unterlegte Fläche)

NAHTZUGABEN

Stoffe mit 1 cm Nahtzugabe zuschneiden. Vlieseinlage ohne Nahtzugabe zuschneiden.

ANLEITUNG

1... Zunächst die Löcher für die runde Öffnung vorbereiten. Dazu das Schnittmuster auf Papier übertragen und die äußeren Ränder und das Loch ausschneiden. Dann das Schnittmuster auf die linke Seite des Zuschnittes aus Oberstoff legen und die äußeren Linien und den Kreis mit einem Stoffmarker abzeichnen. Den Rest aus Oberstoff rechts auf rechts auf den Kreis legen und mit der Nähmaschine absteppen. Dann innerhalb des Loches ausschneiden und den Stoffrest durch das Loch auf die andere Stoffseite stülpen. Alles flachbügeln. Der runde Ausschnitt hat nun saubere Kanten. Mit dem Futterstoff ebenso verfahren.

REZEPT FÜR LECKERE CHOCOLATE COOKIES

ZUTATEN

250 g Butter
300 g Rohrohrzucker
2 Eier
1 Prise Salz
200 g Mehl
1 TL Bourbon-Vanillepulver
2 TL Backpulver
400 g Vollmilchschokolade

Den Backofen auf 160 °C vorheizen (Umluft 140 °C, Gas Stufe 2). Die Schokolade zerkleinern und ¼ davon zur Seite stellen. Butter und Zucker cremig schlagen. Dann Eier, Vanillepulver und Salz unter ständigem Rühren hinzugeben.
In einer weiteren Schüssel Mehl mit Backpulver mischen. Dann die Mischung nach und nach zu der Butter-Zucker-Mischung geben und weiterrühren. Die Schokolade sorgfältig unterrühren. Den Teig portionsweise auf einem mit Backpapier ausgelegten Backblech verteilen, etwas der restlichen Schokolade darüber verteilen und 10 bis 12 Minuten backen. Die Cookies gut abkühlen lassen. Erst dann verpacken.

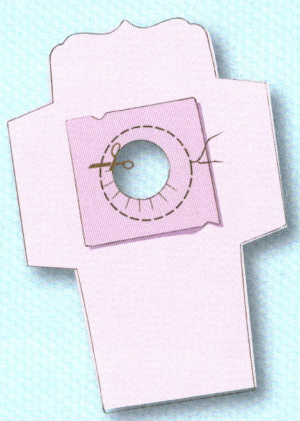

2... Die grau unterlegten Flächen der Schnittvorlage auf das Decovil Light übertragen und ausschneiden. Dann die einzelnen Teile auf die linke Stoffseite des Futterstoffes bügeln. Die einzelnen Decovil-Teile stoßen dabei nicht aneinander. Die Zuschnitte aus Oberstoff und Futterstoff rechts auf rechts legen; die runden Ausschnitte liegen dabei genau übereinander. Dann die äußere Kante absteppen.

3... Die Cookie-Hülle durch eine der runden Öffnungen verstürzen und flachbügeln. Die Folie in die runde Öffnung schieben und mit Stecknadeln zwischen den Stofflagen fixieren. Dann entlang der äußeren Kante, entlang des Kreises (dabei wird die Folie mit festgenäht) und zwischen den Decovil-Zuschnitten abnähen. Durch die Nähte ergeben sich automatisch Falzlinien, an denen die Verpackung geknickt werden kann.

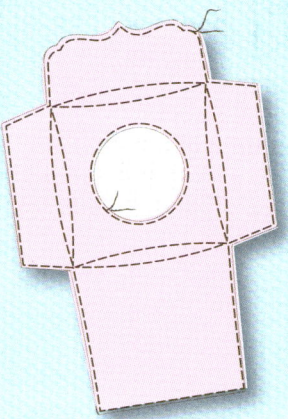

4... Je einen Cookie in die Cookie-Hülle legen, die Seiten nach oben klappen und mit einem Dekoband zubinden.

Mug Rug

NAHTZUGABEN

Stoffe mit 1 cm Nahtzugabe, Vlieseinlage ohne Nahtzugabe zuschneiden.

Oberstoff 1	2x Schnittteil „Herz"
Oberstoff 2	2x Schnittteil „Tasche"
Vlieseinlage	1x Schnittteil „Herz"

ANLEITUNG

1… Den kurzen Abschnitt des Schrägstreifens in der Mitte falzen, dann auf die rechte Stoffseite der Tasche heften, die offenen Stoffkanten liegen dabei übereinander. Dann den zweiten Zuschnitt der Tasche rechts auf rechts darauf legen und den oberen Rand absteppen. Die Tasche auf rechts wenden und die Naht nochmals knappkantig absteppen.

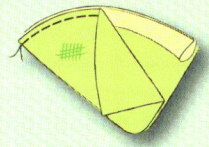

2… Thermolam mit Hilfe des temporären Sprühklebers auf die linke Stoffseite der Herz-Vorderseite kleben (alternativ mit Stecknadeln fixieren). Dann im Abstand von 2-3 cm diagonale Linien aufnähen. Dadurch erhält das Herz die gesteppte Optik. Die kleine Tasche in der unteren Ecke gemäß Schnittvorlage platzieren und den Rand knappkantig absteppen, um ein Verrutschen zu verhindern.

3… Den langen Streifen Schrägband in der Mitte falzen und an den Rand der linken Seite des Mug Rugs nähen. Damit später Anfang und Ende des Schrägbandes nicht zu sehen sind, in der oberen Mitte des Herzens beginnen. Die Enden stehen nach außen, nach dem Verstürzen sind sie dann nicht mehr zu sehen. Dann die Rückseite des Herzens rechts auf rechts auf die Vorderseite legen. Die bereits durchgeführte Naht nochmals nachnähen, so ist das Schrägband später auf der Außenseite ordentlich sichtbar, dabei eine Öffnung zum Wenden lassen. Das Herz verstürzen, die Nahtzugabe an der Wendeöffnung sauber nach innen bügeln, dann den äußeren Rand nochmals absteppen.

SCHWIERIGKEITSGRAD 2

GRÖSSE
20 cm x 20 cm

MATERIAL
Baumwoll-Stoffreste in verschiedenen Farben

Vlieseinlage: Thermolam, 20 cm x 20 cm

temporärer Sprühkleber für Stoff

Schrägstreifen aus Stoff, 80 cm und 15 cm

Deko- bzw. Webband, Reste

SCHNITTMUSTERBOGEN A

GESCHENKE FÜR FRAUEN | 39

Geschenke für Kinder

Obwohl sie noch so klein sind, sind Kinder doch das Größte auf dieser Welt. Deswegen läuft die Geschenk-Saison für Kinder im Grunde über das ganze Jahr. Ist Weihnachten gerade vorbei, stehen Geburtstag und weitere Festlichkeiten schon wieder vor der Tür. Sogar schon vor der Geburt suchen wir für Babyshower einzigartige Geschenke. Es braucht ganz schön viel Ideenreichtum, um für jeden Anlass etwas Passendes zu finden. In diesem Kapitel entdecken Sie bestimmt etwas Besonderes für die Kleinen, vom Schnullertier fürs Baby bis zum Türschild für eigensinnige Teenager.

Schnulleraffe
Seite 52

Fotoalbum
Seite 54

Kartenhalter
Seite 57

Stoffkrone
Seite 60

ABC-Kissen
Seite 62

Turnbeutel
Seite 64

Jonglierbälle
Seite 66

Buchstütze
Seite 68

Türschild
Seite 72

Schnulleraffe

NAHTZUGABEN
Stoffe und Vlieseinlagen mit 1 cm Nahtzugabe zuschneiden.

Oberstoff 1	1x Schnittteil „Körper"
	1x Schnittteil „Arm 1"
	1x Schnittteil „Arm 2"
	2x Schnittteil „Ohren"
Oberstoff 2	1x Schnittteil „Gesicht"
	2x Schnittteil „Tasche"
Oberstoff 3	1x Schnittteil „Körper"
	1x Schnittteil „Arm 1"
	1x Schnittteil „Arm 2"
	2x Schnittteil „Ohren"
	1x Schnittteil „Gesicht"
Vlieseinlage	1x Schnittteil „Körper"
	1x Schnittteil „Arm 1"
	1x Schnittteil „Arm 2"

SCHWIERIGKEITSGRAD 2

GRÖSSE
15 cm x 20 cm zzgl. Arme

SCHNITTMUSTERBOGEN A

MATERIAL
Oberstoff 1: Baumwolle in Natur gepunktet, 30 cm x 30 cm

Oberstoff 2: Baumwolle in Natur, 15 cm x 15 cm

Oberstoff 3: Frottee in Rot, 30 cm x 30 cm

Vlieseinlage: Vlieseline H 405, 40 cm x 40 cm

Bratschlauch als Knisterfüllung, 20 cm x 20 cm

Druckknopf in Plastik (z. B. Kam Snap), ø 12 mm

ANLEITUNG

1... Die Vlieseinlage für das Gesicht mit der klebenden Seite auf die linke Stoffseite des Zuschnitts aus Oberstoff 2 legen und absteppen, dann einen Schlitz in die Vlieseinlage schneiden und das Gesicht durch diese Öffnung verstürzen. Die Naht von Hand etwas ausstreichen, dann das Gesicht auf die Vorderseite des Körpers legen und aufbügeln. Den Rand des Gesichtes mit einem dekorativen Stich absteppen und somit gut befestigen. Die restlichen Vlieseinlagen auf die entsprechenden Rückseiten der Zuschnitte aus Oberstoff 1 bügeln.

Das Gesicht des Affen mit einem Trickmarker auf den Stoff übertragen, einen engen Zickzack-Stich wählen und den Mund in Rot absteppen. Für die Augen und die Nase einen breiteren Stich wählen und in Dunkelbraun oder Schwarz absteppen. An den linken und rechten Seiten von Augen und Nase den Zickzack-Stich etwas schmaler laufen lassen, in der Mitte der einzelnen Motive den Zickzack-Stich etwas breiter einstellen. So ergeben sich die kreis- und ellipsenförmigen Gesichtszüge.

2... Die beiden Zuschnitte für die kleine Bauchtasche rechts auf rechts legen und am Rand absteppen, eine Wendeöffnung lassen. Die Tasche auf rechts wenden und flachbügeln. Dann auf den Körper legen und die Ränder der Tasche festnähen.

3... Die Zuschnitte für die Arme jeweils rechts auf rechts legen und am Rand absteppen, der obere (gerade) Rand bleibt als Wendeöffnung offen. Die Arme auf rechts wenden und flachbügeln. Nach dem gleichen Prinzip die Ohren nähen: Den oberen gebogenen Rand absteppen, der untere Bogen bleibt als Wendeöffnung offen. Die Ohren auf rechts wenden und ebenfalls flachbügeln.

4... Den Körper aus Oberstoff 1 flach hinlegen, die Arme und Ohren so darauf legen, dass die Seiten aus Oberstoff 1 zueinander zeigen. Arme und Ohren zeigen dabei zur Mitte des Affen. Den Bratschlauch in der Mitte falzen und gemäß Abbildung in die Mitte des Zuschnitts aus Oberstoff 3 legen. Diesen Zuschnitt dann auf die Vorderseite des Affens legen (die rechten Stoffseiten liegen innen) und am Rand absteppen. Dabei eine Wendeöffnung lassen, durch die der Affe verstürzt wird.

Der Bratschlauch sorgt dafür, dass der Affe knistert. Den Affen flachbügeln (wegen des Bratschlauches nur auf Stufe 1 oder 2 bügeln), dann die Wendeöffnung verschließen. Am Arm den Druckknopf befestigen. Damit kann der Affe am Buggy oder am Kleidungsstück befestigt werden. Oder er darf einen Schnuller in die Hand nehmen.

GESCHENKE FÜR KINDER | 53

Fotoalbum

SCHWIERIGKEITSGRAD 2

GRÖSSE
Fotoalbum 25 cm x 18 cm

MATERIAL
**FOTOALBUM MIT
4 INNENSEITEN**

Oberstoff 1: Baumwolle in Hellblau
mit Flugzeugen, 80 cm x 50 cm

Oberstoff 2: Baumwolle in Dunkelblau
mit Punkten, 80 cm x 50 cm

Oberstoff 3: Baumwolle in Dunkelblau
mit Sternen, 40 cm x 50 cm

Oberstoff 4: Baumwolle in Gelb,
40 cm x 50 cm

Wachstuch transparent, 90 cm x 30 cm

Vlieseinlage 1: Vlieseline S 320,
50 cm x 18 cm

Vlieseinlage 2: Decovil Light,
70 cm x 40 cm

Webband, Rest

Vielzweckklemmen

FOTO-WANDHÄNGER
Stoffreste in Dunkelblau mit Sternen

Wachstuch transparent, Rest

Webband, Rest

Metallöse, ø 8 mm

Vlieseinlage: Decovil Light, Rest

SCHNITTMUSTERBOGEN A

FOTOALBUM

NAHTZUGABEN

Stoffe mit 1 cm Nahtzugabe zuschneiden (Ausnahme: Namensschild und Foto-Wandhänger), Vlieseinlagen und Wachstuch ohne Nahtzugaben zuschneiden.

ANLEITUNG

1... Zunächst das Cover des Albums nähen. Dafür den Zuschnitt aus Vlieseinlage 1 auf eine der linken Stoffseiten bügeln. Die Zuschnitte aus Decovil auf die andere linke Stoffseite des Covers bügeln, in der Mitte bleibt dabei jeweils eine Lücke.

2... In den Wachstuch-Zuschnitt für das Namensschild einen Schlitz schneiden, hier kann später ein Namensschild eingeführt werden. Dann zusammen mit dem Stoffzuschnitt des Namenschildes an entsprechender Stelle auf der rechten Stoffseite des Covers platzieren, einen Rest Webband in der Mitte falzen und unter das Namensschild schieben, dann die Ränder absteppen.

3... Die Zuschnitte für das Cover rechts auf rechts legen und – mit Ausnahme einer Wendeöffnung – zusammennähen, dann das Cover verstürzen und am Rand nochmals knappkantig absteppen.

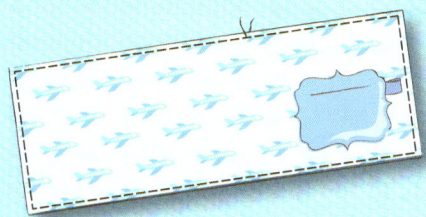

4... Das Decovil auf die linke Stoffseite von vier Innenseiten bügeln. Dann das Wachstuch auf die rechte Stoffseite legen (Achtung: Bei Seiten, die später im Buch rechts sind, ist die Fotohülle am rechten Rand, bei linken Seiten entsprechend

FOTOALBUM	
Oberstoff 1	1x Schnittteil „Cover" im Stoffbruch
Oberstoff 2	1x Schnittteil „Cover" im Stoffbruch
	1x Schnittteil „Namensschild"
Patchwork aus verschiedenen Oberstoffen	8x Schnittteil „Innenseite"
Vlieseinlage 1	1x Schnittteil „Cover" im Stoffbruch
Vlieseinlage 2	2x Zuschnitt für Cover-Verstärkung, 22 cm x 18 cm
	4x Schnittteil „Innenseite"
Wachstuch	8x Zuschnitt für Fotohüllen, 19 cm x 14 cm
	1x Schnittteil „Namensschild"
WANDHÄNGER	
Oberstoff	2x Schnittteil „-Wandhänger"
Vlieseinlage und Wachstuch	je 1x Schnittteil „-Wandhänger"

GESCHENKE FÜR KINDER | 55

am linken Rand; so ist ausreichend Platz, um den Buchrücken zusammenzunähen) und an den Seiten und am Boden aufnähen. Für kleinere Fotos oder Andenken noch eine Naht in der Mitte einnähen. Nach Gusto Webbänder in der Mitte falzen und beim Aufnähen des Wachstuchs mit festnähen.

5... Jeweils eine „rechte" Innenseite und eine „linke" Innenseite rechts auf rechts legen und am Rand zusammennähen, an dem Rand, der später im Buchfalz festgenäht wird, eine große Wendeöffnung lassen. Dann die Seiten zügig auf rechts wenden, vorsichtig die Ränder bügeln und die drei zusammengenähten Ränder knappkantig absteppen. Das Wachstuch wird beim Wenden etwas knittern, daher die Seiten unter schweren Büchern über Nacht flachpressen. Auch hier besteht die Möglichkeit, Webbänder mit festzunähen. Dafür Webband in der Mitte falzen und zwischen die Stofflagen legen, der offene Rand des Webbands zeigt vor dem Verstürzen nach außen.

6... Das Cover mittig falzen, die vier Innenseiten in das Cover schieben (die offenen Stoffkanten liegen dabei im Rückenfalz) und mit den Klemmen die Seiten fixieren. Dann Cover und Innenseiten gemäß Abbildung mit einer Naht am linken Rand zusammennähen.

Tipps Natürlich passen mehr als vier Innenseiten in ein Fotoalbum. Schauen Sie einfach, wie viele Stofflagen Ihre Nähmaschine problemlos nähen kann. Sollen es dann doch noch mehr Seiten werden, können Sie mit Ösen arbeiten. In das Cover am linken Rand zwei Ösen in die Vorderseite und zwei Ösen in die Rückseite einschlagen. Ebenso mit den Innenseiten verfahren. Zum Schluss die Ösen mit zwei Metallringen verbinden.
Wenn der Nähmaschinen-Fuß auf dem Wachstuch „klebt" und alles zu verrutschen droht, einfach schmale Papierstreifen rechts und links neben die Naht legen, das Papier aber nicht mit festnähen. Der Fuß kann auf dem Papier besser gleiten und klebt nicht mehr.

FOTO-WANDHÄNGER

1... Decovil auf die Rückseite des Sternenstoffes bügeln. Dann die beiden Stoffe links auf links legen, das Wachstuch oben auflegen. Das Webband mittig falzen und zwischen die Stofflagen schieben. Alles mit Klemmen fixieren, dann den äußeren Rand absteppen. Damit das Foto nicht verrutscht, eine Tasche einnähen.

2... Zuletzt eine Öse am oberen Rand einschlagen.

Kartenhalter

SCHWIERIGKEITSGRAD 3

GRÖSSE
Kartenhalter aufgestellt
30 cm x 10 cm x 8 cm
(zusammengeklappt
15 cm x 10 cm x 1 cm)

Beutel 15 cm x 21 cm

MATERIAL
KARTENHALTER
Oberstoff 1: Baumwolle in Petrol mit Eulenmotiv, 70 cm x 35 cm

Oberstoff 2: Baumwolle in Weiß mit türkisen Ranken, 35 cm x 35 cm

Vlieseinlage 1: Vlieseline S 133, 30 cm x 35 cm

Vlieseinlage 2: Vlieseline S 320, 30 cm x 10 cm

4 Druckknöpfe in Grün, ø 1 cm

SCHNITTMUSTERBOGEN B

BEUTEL
Oberstoff: Stoffreste aus Baumwolle mit Eulen und Rankenmotiven

Futterstoff: Stoffrest mit Rankenmotiv

Anorakkordel, 50 cm

Kordelstopper transparent

SCHNITTMUSTERBOGEN A

GESCHENKE FÜR KINDER | 57

KARTENHALTER

NAHTZUGABEN

Stoffe mit 1 cm Nahtzugabe zuschneiden.
Vlieseinlagen ohne Nahtzugabe zuschneiden.

ANLEITUNG

1... Den Zuschnitt für die Vorderseite gemäß Schnittvorlage in Falten legen und die Vlieseinlage aufbügeln. An den Seiten die Falten mit einer knappkantigen Naht fixieren.

2... Jeweils zwei Zuschnitte für den Boden und je zwei Zuschnitte der Rückseite rechts auf rechts legen, dann die Seiten und den oberen Rand zusammennähen und auf rechts wenden.

Erst dann die Vlieseinlage in die Hüllen schieben (bei der Rückseite eine Lücke zwischen den beiden Teilen lassen) und durch Bügeln fixieren. Dann den Rand nochmals absteppten, bei der Rückseite auch zwischen den Vlieszuschnitten absteppen.

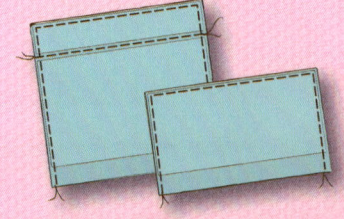

3... Die Zuschnitte für den Boden rechts auf rechts nebeneinander auf den Zuschnitt für „Vorderseite Gegenstück" legen (die offene Webkante liegt übereinander) und am unteren Rand zusammennähen.

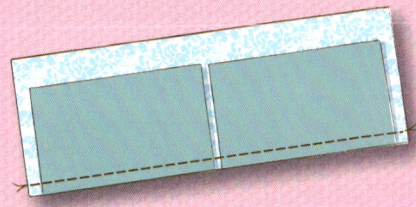

4... Die Zuschnitte für die Rückseite am oberen Rand des Vorderseiten-Gegenstücks platzieren, die Stoffe liegen wieder rechts auf rechts, die offenen Webkanten liegen aufeinander. Darauf den Zuschnitt für die Vorderseite legen, die Falzen auf der rechten Stoffseite zeigen zum oberen Rand, auf der linken Stoffseite zeigen die offenen Falzen also nach unten.

Dann die Seiten und den oberen Rand schließen. Der untere Rand bleibt als Wendeöffnung offen, dort stehen die Zuschnitte für die Rückseite auch über.

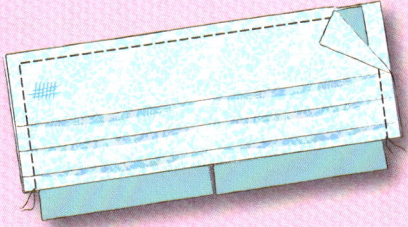

5... Den Kartenhalter auf rechts wenden, die Vlieseinlagen für „Vorderseiten Gegenstück" in die Wendeöffnung schieben und innen im Kartenhalter (mit etwas Abstand in der Mitte) fixieren. Dann an der Vorderseite die Nahtzugabe ordentlich nach innen falzen und den Rand sowie die Mitte der Vorderseite knappkantig absteppen. Zum Schluss die Druckknöpfe so anbringen, dass sie beim Aufstellen geschlossen werden können.

KARTENHALTER	
	1x Schnittteil „Vorderseite Gegenstück"
Oberstoff 1	4x Schnittteil „Boden"
	4x Schnittteil „Rückseite"
Oberstoff 2	1x Schnittteil „Vorderseite"
	2x Schnittteil „Vorderseite Gegenstück" (geteilt, grau unterlegte Flächen)
Vlieseinlage 1	2x Schnittteil „Boden" (grau unterlegte Fläche)
	2x Schnittteil „Rückseite" (grau unterlegte Flächen)
Vlieseinlage 2	3x Streifen für „Vorderseite" (grau unterlegte Flächen), 30 cm x 3 cm
BEUTEL	
Oberstoff 1	2x Schnittteil „Beutel mini"
Oberstoff 2	2x Streifen für Zugband-Schlauch, 17 cm x 5 cm (Nahtzugabe bereits eingerechnet)
Futterstoff	2x Schnittteil „Beutel mini"

BEUTEL

NAHTZUGABEN
Stoffe mit 1 cm Nahtzugabe zuschneiden. Ausnahme: Beim Zugband-Schlauch ist die Nahtzugabe eingerechnet.

ANLEITUNG
Die Schnittvorlage oberhalb der Mitte auseinanderschneiden, dann beide Teile aus unterschiedlichen Stoffen zuschneiden und zusammennähen. Die weitere Anleitung ist analog der Punkte 2 bis 4 zum Turnbeutel auf Seite 64. Bei Punkt 2 sollte der fertige Zugband-Schlauch knapp 15 cm lang sein. Nach Punkt 4 wird die Kordel durch beide Kordelschläuche gefädelt, ein Kordelstopper aufgefädelt und die Kordelenden verknotet.

Stoffkrone

SCHWIERIGKEITSGRAD 2

GRÖSSE
ø 45–50 cm

MATERIAL
Oberstoff 1: Baumwolle in Weiß geblümt, 50 cm x 25 cm

Oberstoff 2: Baumwolle in Rosa gepunktet, 50 cm x 25 cm

Vlieseline: Vlieseline S 520, 50 cm x 25 cm

Gummiband, 3 cm breit, 10 cm lang

3–5 große Strasssteine mit Textil-Schmucksteinkleber bzw. Textilkleber

SCHNITTMUSTERBOGEN A

NAHTZUGABEN

Stoffe mit 1 cm Nahtzugabe zuschneiden. Vlieseinlage ohne Nahtzugabe zuschneiden.

ANLEITUNG

Oberstoff 1	1x Schnittteil „Krone"
	1x Schnittteil „Gummizug"
Oberstoff 2	1x Schnittteil „Krone"
Vlieseinlage	1x Schnittteil „Krone"

1… Von der Vlieseinlage rechts und links 1 cm zusätzlich abschneiden, dann auf die linke Stoffseite einer Krone bügeln.

2… Die beiden Zuschnitte für die Krone rechts auf rechts legen, den oberen Rand komplett zunähen, am unteren Rand eine Wendeöffnung lassen. Außerdem werden die kurzen Seiten nicht verschlossen. Die Naht geht nicht direkt bis zur Vlieseinlage, sondern im Abstand von ca. 1-2 mm. Dann die Krone auf rechts wenden und flachbügeln. Durch die starke Vlieseinlage lässt sie sich etwas schwer wenden, daher die Wendeöffnung nicht zu klein machen.

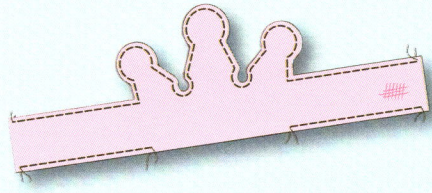

3… Den Zuschnitt für die Gummizughülle gemäß gestrichelter Linie in der Schnittvorlage falzen, die rechten Stoffseiten liegen innen. Dann die offene Kante gegenüber der Falzlinie schließen und auf rechts wenden.

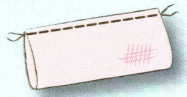

Das Gummi in die Hülle schieben, sodass auf einer Seite die Stoffenden und das Ende des Gummizugs genau übereinander liegen. Dann den Rand absteppen und so Gummizug und Hülle miteinander verbinden.

Das Gummi auf der anderen Seite dehnen und ebenfalls am Rand absteppen. Lässt man nun das Gummi wieder los, ziehen sich Gummi und Hülle stark zusammen.

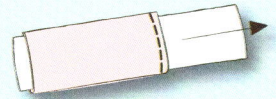

4… An einem Ende der Krone die Nahtzugabe nach innen bügeln, dann den Gummizug mit Hülle ca. 1 cm in die Krone schieben und festnähen. Am anderen Ende der Krone genauso verfahren (ggf. den Durchmesser der Krone dem Kopfumfang des Kindes anpassen). Dann den gesamten äußeren Rand der Krone nochmals abnähen. Zum Schluss die Strasssteine mit Textil-Schmucksteinkleber befestigen.

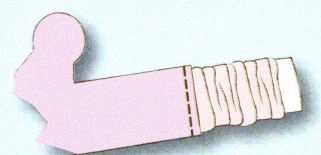

GESCHENKE FÜR KINDER | 61

ABC-Kissen

SCHWIERIGKEITSGRAD 3

GRÖSSE
ca. 28 cm x 32 cm x 5 cm

MATERIAL FÜR EINEN BUCHSTABEN
Oberstoff 1: Baumwolle, 70 cm x 40 cm

Oberstoff 2: Baumwolle, 200 cm („A" und „B") bzw. 150 cm („C") x 8 cm (da die meisten Stoffe nicht ausreichend breit sind, können Sie zwei kürzere Streifen aneinander nähen)

Vlieseinlage: Vlieseline H 250, 70 cm x 40 cm

Füllwatte, 160 g

SCHNITTMUSTERBOGEN A

Tipp: Sie können auch selbst Buchstaben entwerfen, indem Sie eine „dicke" Schrift in der gewünschten Größe ausdrucken.

Oberstoff 1	2x Schnittteil „Buchstabe A, B oder C"
Oberstoff 2	1x Streifen für Buchstaben-Seiten, 200 cm bzw. 150 cm x 7 cm
Vlieseinlage	2x Schnittteil „Buchstabe A, B oder C"

NAHTZUGABEN
Stoffe mit 1 cm Nahtzugabe zuschneiden. Vlieseinlagen ohne Nahtzugabe zuschneiden.

ANLEITUNG
BUCHSTABEN OHNE „LOCH" (z. B. „C")

1... Die Vlieseinlage auf die Rückseite der Zuschnitte aus Oberstoff 1 bügeln. Dann den langen Stoffstreifen rechts auf rechts auf den Rand der Buchstaben legen und festnähen. Das kurze Ende mehrere Zentimeter überhängen lassen, der Stoffstreifen lässt sich am Ende leichter schließen. Nach dem Umnähen des Buchstabens treffen die beiden kurzen Enden des Stoffstreifens aufeinander. Diese kurzen Enden rechts auf rechts legen und zusammennähen. Am einfachsten ist es, nicht den gesamten Buchstaben in einem Durchgang zu umnähen, sondern Stück für Stück zu arbeiten. So kann man mögliche Fehler gleich korrigieren und muss im Notfall nicht den ganzen Buchstaben wieder auftrennen.

2... Nach dem Festnähen der ersten Seite wird die Rückseite der Buchstaben an den Stoffstreifen genäht. Eine Öffnung zum Verstürzen der Buchstaben lassen, auf rechts wenden und mit Füllwatte gut ausstopfen. Dann die kleine Wendeöffnung von Hand zunähen. Beim Nähen der Rückseite darauf achten, dass die Vorder- und Rückseite genau übereinander liegen und sich der Stoffstreifen nicht verzieht. Sonst ringelt sich das C und wird schnell zur 6!

BUCHSTABEN MIT „LOCH" (z. B. „B")
Der äußere Rand des Buchstabens wird wie bei den anderen Buchstaben gearbeitet. Bei den „Löchern" wird nur die Vorderseite des Loches an den Stoffstreifen genäht. Bei dem äußeren Rand wird dann ohne Wendeöffnung gearbeitet, der Buchstabe kann durch das Loch des Buchstabens verstürzt werden. Nach dem Füllen des Buchstabens wird der Stoffstreifen dann von Hand an den Buchstaben genäht.

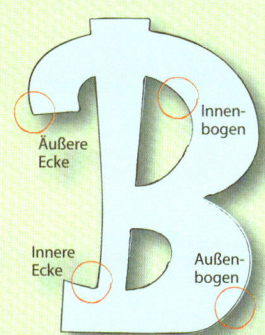

Ecken und Bögen

Innenbogen
Bei Innenbögen wird der Rand der Buchstaben im Abstand von ca. 12 mm leicht eingeschnitten, dann wird der Stoffstreifen aufgesteckt und festgenäht.

Außenbogen
Bei einem Außenbogen muss der lange Stoffstreifen eingeschnitten werden, damit er sich der Rundung besser anpassen kann. Dazu den Stoffstreifen im Abstand von ca. 12 mm leicht einschneiden, an die Buchstaben heften und festnähen.

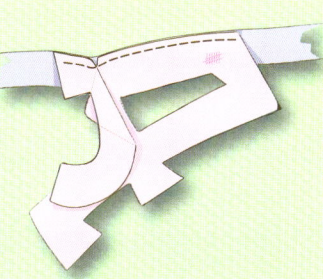

Innere Ecke
Bei der inneren Ecke wird der Buchstabe in der Ecke schräg eingeschnitten, dann an den langen Stoffstreifen geheftet und festgenäht.

Äußere Ecke
Bei der äußeren Ecke wird der Stoffstreifen eingeschnitten und kann dann „um die Ecke" an den Buchstaben geheftet und genäht werden.

GESCHENKE FÜR KINDER | 63

Turnbeutel

SCHWIERIGKEITSGRAD 1

GRÖSSE
30 cm x 42 cm

MATERIAL
Oberstoff 1: Baumwolle in Petrol mit Marienkäfern, 70 cm x 50 cm

Oberstoff 2: Baumwolle in Grün, 35 cm x 35 cm

Futterstoff: Baumwolle in Grün, 70 cm x 50 cm

Leder in Grün, Rest

gewebefreies doppelseitiges Klebeband (z. B. Stylefix)

2 Metallösen, ø 12 mm

Anorakkordel in Petrol, 3,5 m

ggf. Namensbändchen, Webband oder Buchstaben zum Aufbügeln

SCHNITTMUSTERBOGEN A

Ober-stoff 1	2x Schnittteil „Beutel groß"
	1x Schnittteil „aufgesetzte Tasche"
Ober-stoff 2	2x Streifen für Zugband-Schlauch, 31 cm x 6 cm (Nahtzugabe bereits eingerechnet)
Futter-stoff	2x Schnittteil „Beutel groß"
Leder	2x Schnittteil „Lederecke"

NAHTZUGABEN

Stoffe mit 1 cm Nahtzugabe zuschneiden. Ausnahme: Beim Zugband-Schlauch ist die Nahtzugabe eingerechnet. Leder ohne Nahtzugabe zuschneiden.

ANLEITUNG

1... Zunächst den oberen Rand des Zuschnitts für die aufgesetzte Tasche zweimal zur linken Stoffseite falzen und flachbügeln, dann den Rand absteppen. Die Seiten und den Boden zur linken Stoffseite falzen und flachbügeln. Die aufgesetzte Tasche auf einen der Zuschnitte aus Oberstoff gemäß der Schnittvorlage legen und am Rand absteppen. Die Lederzuschnitte gemäß Schnittvorlage an den unteren Ecken festkleben, dann die Ränder der Zuschnitte aus Oberstoff festnähen.

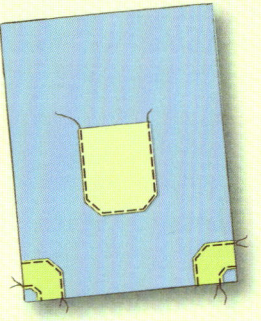

2... Die beiden Schläuche für die Kordel nähen. Dazu die beiden kurzen Enden des Streifens für den Zugband-Schlauch zweimal nach links schlagen und absteppen. Die Länge der beiden Stoffstreifen sollte nun 29-30 cm betragen. Die Streifen der Länge nach falzen, sodass die linke Stoffseite innen liegt. Flachbügeln.

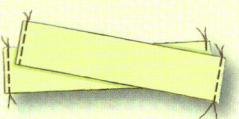

3... Den Schlauch für die Kordel am oberen Rand einer Taschenseite aus Oberstoff befestigen. Die rechte Seite der Tasche zeigt zum Kordelschlauch, die offenen Stoffkanten liegen dabei übereinander. Dann einen Zuschnitt aus Futterstoff rechts auf rechts darauf legen und den oberen Rand zusammennähen. Mit der zweiten Seite ebenso verfahren.

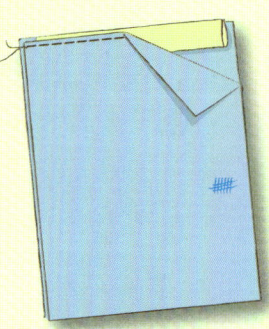

4... Die Tasche so legen, dass der Kordelschlauch in der Mitte liegt, auf einer Seite rechts auf rechts die Zuschnitte aus Oberstoff, auf der anderen Seite rechts auf rechts die Zuschnitte aus Futterstoff. Nun die Seiten und die beiden Böden schließen, dabei eine Wendeöffnung zum Verstürzen lassen. Die Tasche durch die Öffnung wenden, das Loch von Hand schließen und das Futter in die Tasche schieben. Die Ösen gemäß Schnittvorlage an den Lederecken befestigen, dabei werden zusätzlich Ober- und Futterstoff miteinander verbunden.

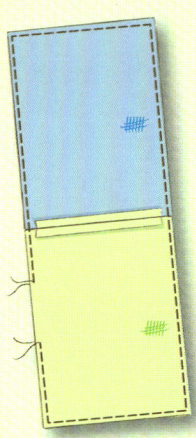

5... Die Kordel in der Mitte teilen und jeweils eine Kordel gegenläufig zur anderen durch beide Kordelschläuche fädeln, dann an der Öse befestigen. Die Tasche kann nun einfach zusammengezogen und als Rucksack getragen werden.

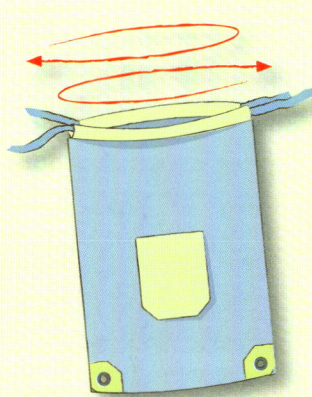

Jonglierbälle

SCHWIERIGKEITSGRAD 1

GRÖSSE
Bälle, ø 6,5 cm
Beutel 15 cm x 21 cm

**MATERIAL
FÜR DREI BÄLLE**
Stoffreste aus gepunkteter Baumwolle in verschiedenen Farben

Vlieseinlage: Vlieseline H 200, 55 cm x 25 cm

ca. 3 Tassen grobes Granulat zum Füllen der Bälle

BEUTEL
Oberstoff: Stoffreste aus gepunkteter Baumwolle in verschiedenen Farben

Futterstoff: Stoffrest in Hellblau gepunktet

Anorakkordel, 50 cm

Zackenlitze in Rot, 35 cm

Kordelstopper transparent

SCHNITTMUSTERBOGEN A

JONGLIERBÄLLE

NAHTZUGABEN
Stoffe und Vlieseinlagen mit 1 cm Nahtzugabe zuschneiden.

ANLEITUNG

1... Die Vlieseinlagen auf die linken Stoffseiten bügeln. Jeweils zwei Schnittteile rechts auf rechts legen und eine Seite schließen. Dann die Nahtzugabe zu einer Seite bügeln.

2... Jeweils drei dieser aneinander genähten Schnittteile nochmals zusammennähen. Bei der letzten Naht eine Öffnung zum Wenden lassen. Dann die Bälle verstürzen, mit Granulat füllen und von Hand zunähen. Beim Befüllen der Bälle sollten Sie darauf achten, dass die Bälle nicht komplett gefüllt werden und gut in der Hand liegen; das erleichtert das Fangen der Bälle (siehe auch Glossar ◆ Granulat).

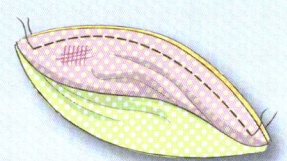

Tipp Eine Anleitung zum Jonglieren können Sie sich unter www.topp-kreativ.de/6335 herunterladen. Drucken Sie diese Anleitung aus, lassen Sie sie nach Wunsch laminieren und geben Sie die Anleitung in den Beutel zu den Jonglierbällen!

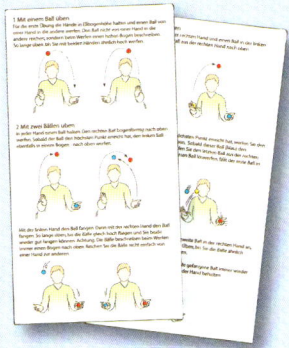

BÄLLE	
Stoffreste	18x Schnittteil „Jonglierball"
Vlieseinlage	18x Schnittteil „Jonglierball"
BEUTEL	
	2x Schnittteil „Beutel mini"
Patchwork aus Oberstoffen	2x Streifen für Zugband-Schlauch, 17 cm x 5 cm (Nahtzugabe bereits eingerechnet)
Futterstoff	2x Schnittteil „Beutel mini"

BEUTEL FÜR JONGLIERBÄLLE

NAHTZUGABEN
Stoffe mit 1 cm Nahtzugabe zuschneiden. Ausnahme: Beim Zugband-Schlauch ist die Nahtzugabe eingerechnet.

ANLEITUNG

1... Die Schnittvorlage oberhalb der Mitte auseinanderschneiden, dann beide Teile aus unterschiedlichen Stoffen zuschneiden.

2... Die Zackenlitze auf eine der Stoffseiten legen und festnähen, dann den zweiten Stoff darauf legen und die bereits genähte Naht nochmals nähen. Die Naht aufklappen und flachbügeln.

Die weitere Anleitung ist analog der Punkte 2-4 zum Turnbeutel auf Seite 64/65. Bei Punkt 2 sollte der fertige Zugband-Schlauch knapp 15 cm lang sein. Nach Punkt 4 wird die Kordel durch beide Kordelschläuche gefädelt, ein Kordelstopper aufgefädelt und die Kordelenden verknotet.

Buchstütze

SCHWIERIGKEITSGRAD 2

GRÖSSE
16 cm x 19 cm

MATERIAL
Oberstoff 1: Baumwolle in Hellblau gepunktet, 45 cm x 25 cm

Oberstoff 2: Baumwolle in Rot, 20 cm x 15 cm

Vlieseinlage: Vlieseline H 405, 45 cm x 25 cm

Filzreste in Rot und Weiß

ca. 2 Tassen grobes Granulat zum Füllen

Füllwatte

Baumwollkordel in Petrol, 25 cm

Knopf in Schwarz, ø 14 mm

SCHNITTMUSTERBOGEN A

NAHTZUGABEN

Stoffe und Vlieseinlagen mit 1 cm Nahtzugabe zuschneiden.

ANLEITUNG

1... Die Vlieseinlage auf die entsprechenden Rückseiten der Oberstoffe bügeln. Dann jeweils zwei Zuschnitte für die Hörner rechts auf rechts legen und die gebogenen Ränder absteppen. Die Hörner auf rechts wenden und mit etwas Watte füllen.

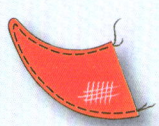

2... Weißes Filzauge, Mund und Zähne nach Vorlage auf eine Seite des Monsterkörpers nähen. Für das x-förmige Auge einen engen Zickzack-Stich wählen und ebenfalls aufnähen. Den Knopf als Auge von Hand auf den weißen Filzkreis nähen.

Oberstoff 1	2x Schnittteil „Körper"
	1x Schnittteil „Boden"
Oberstoff 2	4x Schnittteil „Hörner"
Filz	1x Mund, 3x Zähne, 1x Auge
Vlieseinlage	2x Schnittteil „Körper"
	1x Schnittteil „Boden"
	4x Schnittteil „Hörner"

3... Die Arme und Hörner nach Vorlage auf die Vorderseite des Monsters legen, die rechte Stoffseite des Monsters mit dem Gesicht zeigt zu Hörnern und Armen. Die offenen Stoffkanten der Hörner und die kurzen Enden der Kordel zeigen nach außen. Dann die Rückseite des Monsters rechts auf rechts darauf legen und den äußeren Rand zusammennähen. Dabei an einer der geraden Seiten eine Wendeöffnung lassen. Den unteren Rand noch nicht zusammennähen.

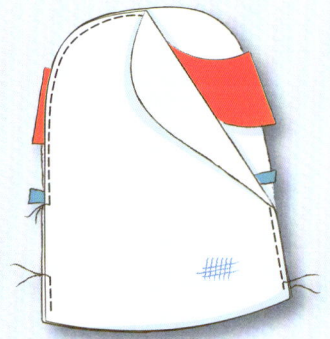

4... Den unteren Rand des Monsters an den Boden nähen. Dazu zeigen die rechten Stoffseiten von Boden und Seiten zueinander, die Markierungen liegen dabei übereinander. Dann die Ränder aneinander nähen. Das Monster auf rechts wenden und in den unteren Teil Granulat geben. Den oberen Teil mit Watte ausfüllen. Dann das Wendeloch von Hand schließen.

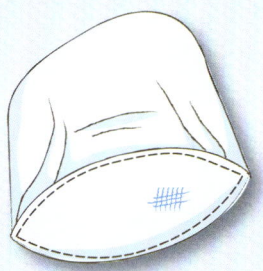

Tipp Wenn Sie ein feines Granulat oder eine große Stichlänge wählen, besteht die Gefahr, dass die feinen Körnchen durch die Naht rutschen. Verhindern können Sie dies, indem Sie die Nahtzugabe nochmals abnähen, mit einem geraden Stich, einem Zickzack-Stich oder der Overlock-Maschine. Alternativ können Sie einen kleinen Beutel aus sehr weich fallendem Material nähen (z. B. Organza, Satin), das Granulat dort einfüllen, zunähen und komplett in die Buchstütze geben.

GESCHENKE FÜR KINDER | 69

Lesezeichen

SCHWIERIGKEITSGRAD 2

GRÖSSE
Eule 10 cm x 10 cm, zzgl. Gummiband
Rakete 9,5 cm x 10,5 cm, zzgl. Gummiband

MATERIAL
Oberstoff: farbige Stoffreste in uni und mit leichter Musterung

Filz in Braun (Eule) oder Weiß (Rakete), 24 cm x 12 cm

Vlieseinlage: Vliesofix

Gummiband in Weiß, 12 mm breit, 40 cm lang

zusätzliche Deko: Knöpfe, 12 Strasssteine zum Aufbügeln (ø 4 mm)

SCHNITTMUSTERBOGEN A

EULE

je 1x Schnittteil „Eule" (mit Augen, Bauch, Schnabel und Herz)

RAKETE

je 1x Schnittteil „Rakete" (mit Triebwerk, Feuer, Bullauge, Leitwerk rechts, Leitwerk links und Ringe)

NAHTZUGABEN
Stoffe ohne Nahtzugabe zuschneiden.

Hinweis Die Zuschnitte erst nach dem Aufbügeln von Vliesofix zuschneiden!

ANLEITUNG

1... Das braune bzw. weiße Filzstück in der Mitte teilen, sodass zwei Quadrate entstehen. Vliesofix auf die verschiedenen Stoffreste bügeln, den Stoff auskühlen lassen. Dann die einzelnen Teile des Motivs gemäß Schnittvorlage ausschneiden und die hintere Trägerfolie des Vliesofix entfernen.

2... Für die Eule zunächst den Körper auf einen Zuschnitt des Filzes bügeln, am Rand absteppen und von Hand etwas ausfransen. Dann den Bauch und die Augen nach dem gleichen Prinzip applizieren. Danach Schnabel und Herz ebenfalls applizieren, dann die Knöpfe auf die Augen nähen.

Für die Rakete zunächst die Leitwerke auf einen Zuschnitt des Filzes bügeln, am Rand absteppen und von Hand etwas ausfransen. Dann die Rakete nach dem gleichen Prinzip applizieren. Im nächsten Durchgang die weißen Streifen, das Bullauge und das Triebwerk applizieren. Den letzen Schritt bildet das Feuer. Dann den Knopf auf das Bullauge aufnähen und die Strasssteine aufbügeln.

3... Die beiden Enden des Gummibandes oben und unten auf der Rückseite des Motivs mit Stecknadeln befestigen, ggf. die Länge korrigieren, dann den zweiten Zuschnitt des Filzes auf die Rückseite heften und am Rand des Motivs absteppen. Dann den Filz mit etwas Abstand zum Motiv ausschneiden; dabei darauf achten, dass Sie nicht das Gummiband durchschneiden.

GESCHENKE FÜR KINDER | 71

Türschild

NAHTZUGABEN

Stoffe mit 1 cm Nahtzugabe zuschneiden, Vlieseinlagen ohne Nahtzugabe zuschneiden.

ANLEITUNG

1... Mit dem Trickmarker die Außenlinie des Türschilds auf die linke Stoffseite übertragen und die beiden Zuschnitte für das Türschild rechts auf rechts legen. Die Webbänder in der Mitte falzen und zwischen die Stofflagen schieben, die offenen Enden zeigen nach außen. Dann den äußeren Rand – mit Ausnahme einer Wendeöffnung – schließen. Das Türschild auf rechts wenden und flachbügeln. Dann den Vlieseinlage-Zuschnitt durch die Wendeöffnung in das Türschild schieben. Ggf. vom Rand der Vlieseline einige Millimeter abschneiden.

2... Den äußeren Rand des Türschilds knappkantig absteppen. Vom Klettband zwei 7 cm lange Stücke abschneiden und das Hakenband gemäß Schnittvorlage auf dem Türschild – zunächst mit dem Klebeband – befestigen und festnähen.

3... Die kleinen Nachrichtenschilder wie folgt nähen: Die Vlieseinlage auf die linke Stoffseite eines Zuschnitts bügeln. Dann einen 7 cm langen Streifen des Klettbandes (Flauschband) auf die rechte Stoffseite gemäß Schnittvorlage nähen (zum Fixieren etwas doppelseitiges Klebeband verwenden). Dann die beiden Zuschnitte für die Nachrichtenschilder rechts auf rechts legen und – mit Ausnahme einer Wendeöffnung – zusammennähen.

Oberstoff 1	1x Schnittteil „Türschild"
Oberstoff 2	2x Schnittteil „Tasche"
Oberstoff 3	2x Schnittteil „Nachricht 1"
	2x Schnittteil „Nachricht 2"
Vlieseinlage 1	1x Schnittteil „Nachricht 1"
	1x Schnittteil „Türschild" (dunkel hinterlegte Fläche)
Vlieseinlage 2	1x Schnittteil „Nachricht 1"
	1x Schnittteil „Nachricht 2"
	1x Schnittteil „Tasche"

Die Schildchen verstürzen und am Rand nochmals absteppen. Dann die gewünschte Nachricht aufstempeln. Vorher Stempelfarbe auf einem Stoffrest testen. Auf Nachrichtenschild 1 kann nach Wunsch am unteren Rand eine Rüschenborte angenäht werden.

SCHWIERIGKEITSGRAD 2

GRÖSSE
10 cm x 29 cm

MATERIAL

Oberstoff 1: Baumwolle mit Marienkäfern in Orange-Rot, 25 cm x 35 cm

Oberstoff 2: Baumwolle in Weinrot, 25 cm x 25 cm

Oberstoff 3: Baumwolle in Weiß, 25 cm x 20 cm

Vlieseinlage 1: Vlieseline S 133, 10 cm x 30 cm

Vlieseinlage 2: Vlieseline S 320, Reste

Webband in Rot- und Rosatönen, Reste

Rüschenborte in Rot kariert, Rest

Klettband in Weiß, 2 cm breit, 30 cm lang

gewebefreies doppelseitiges Klebeband, z B. Stylefix

Buchstaben-Stempel und Stempelkissen

Knopf in Rot, ø 2 cm

Stoffrest mit Käfer für Button

Notizblock, DIN A6

Trickmarker

SCHNITTMUSTERBOGEN B

4... Für die Tasche zunächst die Vlieseinlage auf die linke Stoffseite eines Zuschnitts bügeln. Dann einen 7 cm langen Flauschband-Streifen auf die rechte Stoffseite gemäß Schnittvorlage nähen (zum Fixieren des Bandes etwas doppelseitiges Klebeband verwenden). Dann die beiden Zuschnitte rechts auf rechts legen und – mit Ausnahme einer Wendeöffnung – zusammennähen. Die Tasche verstürzen, den unteren Rand nach oben falzen und am Rand absteppen.

5... Für den Notizblock ein 7 cm langes Stück Klettband (Flauschband) auf die Rückseite des Blocks kleben, damit haftet er dann am Türschild. Den Button im Copyshop anfertigen lassen.

GESCHENKE FÜR KINDER | 73

Geschenke für Männer

Männer zu beschenken ist oft nicht leicht – sie mögen keinen süßen Krimskrams und stehen leider Selbstgenähtem oft etwas zweifelnd gegenüber. Nicht zu bunt, niedlich oder kitschig soll es sein, schlicht und männlich soll es aussehen und praktisch und durchdacht. Deshalb tun wir uns schwer, unsere Liebsten zu beschenken, oft fehlt die richtige Idee, es werden wieder Socken oder eine weitere Krawatte. Diese Ausreden gelten ab jetzt nicht mehr. Hier finden Sie exklusive, funktionelle Schöpfungen zum Nachnähen, die ein Männerherz auf jeden Fall erfreuen!

Schuhbeutel
Seite 83

Werkzeuggürtel
Seite 84

Jablet-Hülle
Seite 86

Notizbuch
Seite 90

Kappe
Seite 92

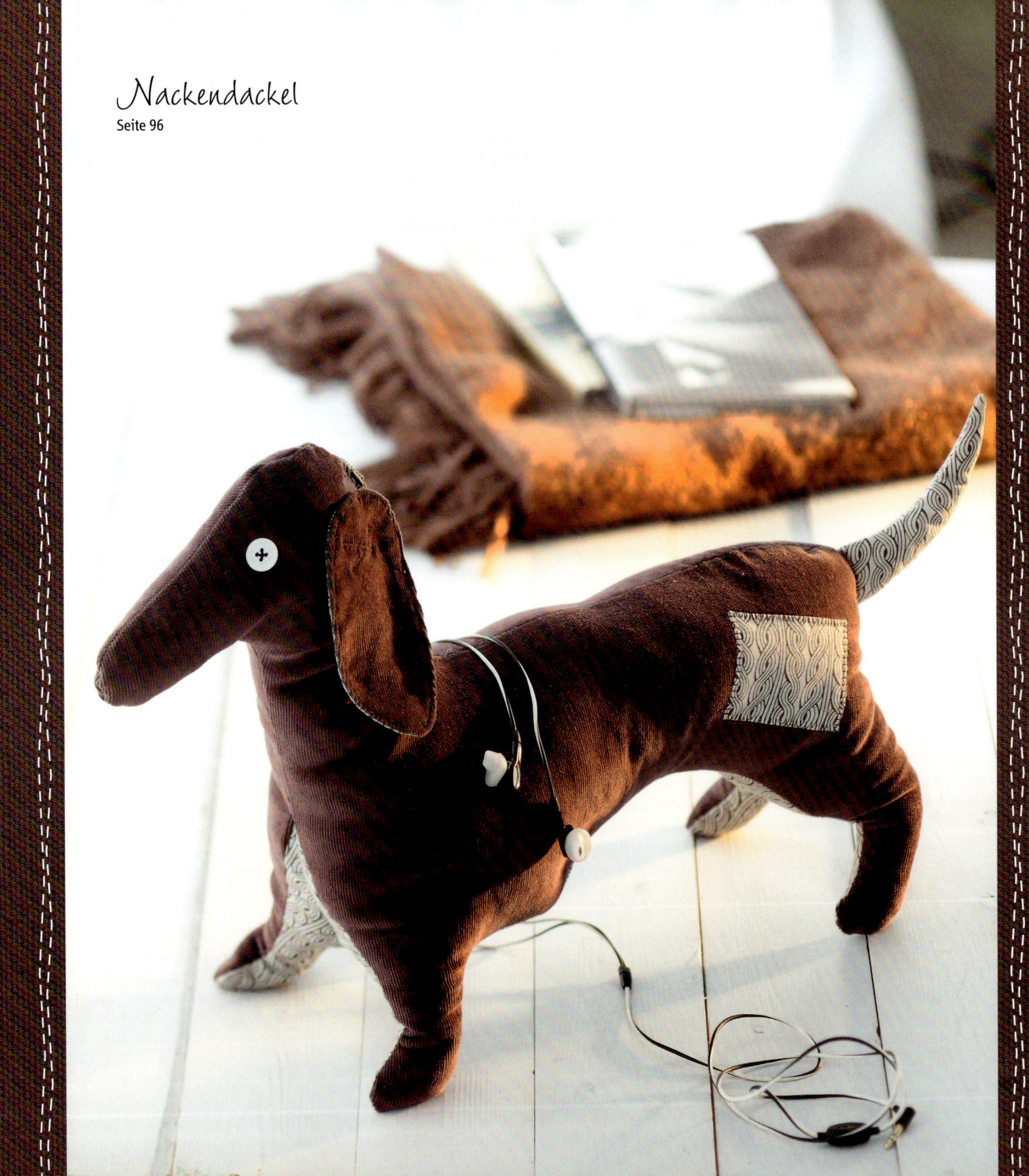

Nackendackel
Seite 96

Schuhbeutel

SCHWIERIGKEITSGRAD 1

GRÖSSE
30 cm x 42 cm

MATERIAL
Oberstoff 1: Baumwolle in Grau gemustert, 70 cm x 50 cm

Oberstoff 2: Baumwolle in Braun, 35 cm x 15 cm

Futterstoff: Baumwolle in Braun, 70 cm x 50 cm

Anorakkordel in Weiß, 80 cm

Kordelstopper transparent

SCHNITTMUSTERBOGEN A

Oberstoff 1	2x Schnittteil „Beutel groß"
Oberstoff 2	2x Streifen für Zugband-Schlauch, 31 cm x 6 cm (Nahtzugabe bereits eingerechnet)
Futterstoff	2x Schnittteil „Beutel groß"

NAHTZUGABEN
Stoffe mit 1 cm Nahtzugabe zuschneiden. Ausnahme: Beim Zugband-Schlauch ist die Nahtzugabe bereits eingerechnet.

ANLEITUNG
Den Schuhbeutel analog der Anleitung für den Turnbeutel von Seite 64/65 gemäß den Punkten 2-4 nähen. Nach Punkt 4 wird die ganze Kordel durch beide Kordelschläuche gefädelt, ein Kordelstopper aufgefädelt und die Kordelenden verknotet.

GESCHENKE FÜR MÄNNER

Werkzeuggürtel

SCHWIERIGKEITSGRAD 1

GRÖSSE
je Tasche 14 cm x 21 cm

**MATERIAL
FÜR ZWEI TASCHEN**
Oberstoff: Jeans, 120 cm x 50 cm
(oder eine alte Männer-Jeanshose)

Vlieseinlage: Decovil Light,
60 cm x 40 cm

6 Metallnieten, ø 5 mm

Ledergürtel

SCHNITTMUSTERBOGEN B

Ober-stoff	4x Schnittteil „Tasche"
	2x Schnittteil „Stiftetasche"
	2x Schnittteil „kleine Tasche"
	2x Schnittteil „Lasche"
Vlies-einlage	2x Schnittteil „Tasche"
	1x Schnittteil „kleine Tasche"

NAHTZUGABEN
Stoffe mit 1 cm Nahtzugabe zuschneiden, Decovil Light ohne Nahtzugabe zuschneiden.

ANLEITUNG

1... Die Zuschnitte aus Decovil auf die entsprechenden linken Stoffseiten bügeln. Dann die beiden Zuschnitte der Stiftetasche und der kleinen Tasche rechts auf rechts legen, die Ränder absteppen, dabei Wendeöffnungen lassen. Die Taschen auf rechts wenden und den oberen – breiten – Rand knappkantig absteppen.

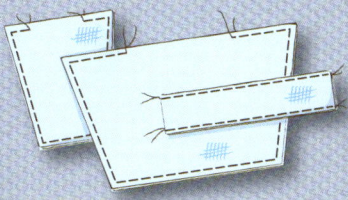

Die Zuschnitte für die Lasche rechts auf rechts legen und die langen Seiten zusammennähen. Dann auf rechts wenden und die Ränder nochmals absteppen.

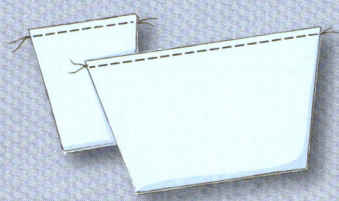

2... Die Zuschnitte für die Werkzeuggürtel-Tasche rechts auf rechts legen und – mit Ausnahme einer Wendeöffnung – zusammennähen, dann auf rechts wenden und flachbügeln. Dann den unteren Rand gemäß Abbildung nochmals absteppen.

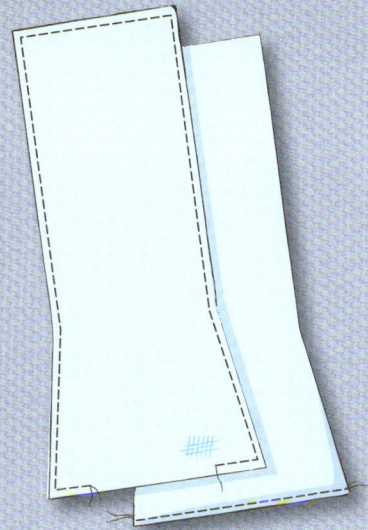

3... Die Stiftetasche gemäß Schnittvorlage auf die Tasche legen (der breite Rand des Trapezes zeigt nach oben zum breiteren Rand der großen Tasche) und in der Mitte mit einer senkrechten Naht befestigen. Dann die schrägen Seiten des Trapezes so zur mittleren Naht schieben, dass alle drei Nähte gemäß Abbildung parallel liegen. Mit Stecknadeln fixieren. Dann die beiden schmalen Enden der Schlaufe rechts und links hinter die Stiftetasche schieben. Erst dann die Stiftetasche – mit Schlaufe – festnähen. Die Nähmaschine wird wahrscheinlich nicht unter der Schlaufe bis zum unteren Rand der Stiftetasche reichen, daher ggf. unter der Schlaufe die Naht beenden und von unten neu ansetzen.

Für die zweite Tasche den Zuschnitt für die kleine Tasche an der Falzlinie des großen Zuschnitts anlegen (die beiden Trapeze zeigen in die gleiche Richtung) und die untere Naht laut Abbildung feststeppen.

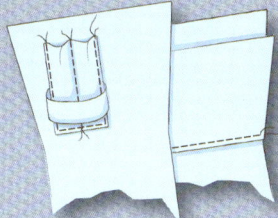

4... Die Werkzeuggürtel-Taschen an der Markierung falzen, die schrägen Seiten so zur Mitte schieben, dass die rechte und linke Seite des Werkzeuggürtels parallel liegen. Dann die Seiten und den oberen Rand absteppen.

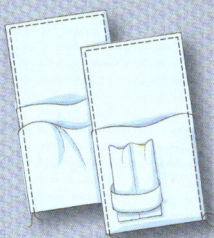

5... Den oberen Rand der Werkzeuggürtel-Tasche 5 cm nach hinten falzen und den Rand annähen. Dann gemäß Abbildung die Nieten einschlagen. Zuletzt den Gürtel durch die Schlaufen schieben.

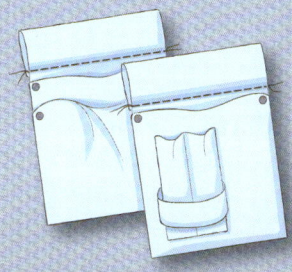

Tablet-Hülle

SCHWIERIGKEITSGRAD 3+

GRÖSSE
geschlossen 20 cm x 25 cm x 1 cm
aufgeklappt 56 cm x 25 cm
(für ein 24,2 cm x 18,6 cm x 9,5 mm großes Gerät)

MATERIAL
Oberstoff 1: Baumwolle in Moosgrün mit grafischen Mustern, 70 cm x 60 cm

Oberstoff 2: Baumwolle in Braun, 45 cm x 55 cm

Klettband in Braun, 2 cm breit, 18 cm lang (Flauschband)

Klettband in Creme, 2 cm breit, 36 cm lang (Hakenband)

Vlieseinlage 1: Vlieseline S 133, 55 cm x 25 cm

Vlieseinlage 2: Vlieseline H 630, 40 cm x 30 cm

Vlieseinlage 3: Rest Vlieseline S 320

doppelseitiges gewebefreies Klebeband (z.B. Stylefix), Rest

SCHNITTMUSTERBOGEN B

NAHTZUGABEN

Stoffe und Vlieseinlage 3 (Vlieseline S 320) mit 1 cm Nahtzugabe zuschneiden, Vlieseinlagen 1 (Vlieseline S 133) und 2 (Vlieseline H 630) ohne Nahtzugabe zuschneiden.

	1x Schnittteil „Außenseite"
	2x Schnittteil „Innenseite"
Oberstoff 1	1x Schnittteil „Verbindungsstück"
	2x Schnittteil „Visitenkartenfach"
	8x Schnittteil „Schlaufe"
Oberstoff 2	2x Schnittteil „Papierfach"
	2x Schnittteil „Lasche"
Vlieseinlage 1	2x Schnittteil „Innenseite" (grau unterlegte Fläche)
	1x Schnittteil „Lasche" (grau unterlegte Fläche)
Vlieseinlage 2	1x Schnittteil „Außenseite"
Vlieseinlage 3	4x Schnittteil „Schlaufe"

ANLEITUNG

1... Die Vlieseinlage 2 (Vlieseline H 630) auf die linke Stoffseite der Tablet-Hüllen-Außenseite bügeln. Die anderen Vlieseinlagen noch nicht aufbügeln. Das braune Flauschband gemäß Schnittmustervorlage auf die rechte Stoffseite der Lasche zunächst mit Klebeband befestigen, dann festnähen. Die Zuschnitte für die Lasche rechts auf rechts legen und die Seiten und den schmalen Rand zusammennähen. Dann die Lasche auf rechts wenden, die beiden Zuschnitte aus Vlieseinlage S 133 in die Lasche schieben und gemäß Schnittmuster festbügeln. Dann den Rand und den Streifen zwischen den Vlieseinlagen nochmals absteppen.

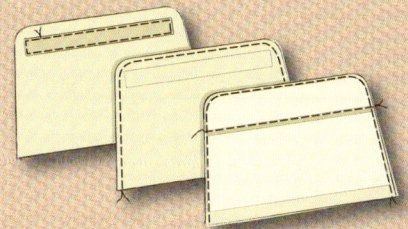

2... Die Vlieseinlage 3 (Vlieseline S 320) auf die Rückseite von vier Schlaufen bügeln. Dann je zwei Schlaufen rechts auf rechts legen und die gebogenen Ränder zusammennähen. Durch eine der offenen Seiten auf rechts wenden und die Ränder nochmals absteppen. Bei einer der Schlaufen ein Knopfloch gemäß Schnittvorlage einnähen, dadurch kann später der Kopfhörer am Tablet befestigt werden.

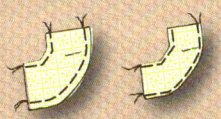

3... Die Zuschnitte für das Visitenkartenfach rechts auf rechts legen und – mit Ausnahme einer Wendeöffnung – am Rand zusammennähen. Dann auf rechts wenden und den oberen Rand nochmals absteppen.

4... Die Zuschnitte für das Papierfach rechts auf rechts legen und den oberen – gebogenen – Rand absteppen. Dann auf rechts wenden und den Rand nochmals absteppen. Das Visitenkartenfach gemäß Schnittvorlage auf das Papierfach legen und Seiten und Boden schließen. Dann das Papierfach auf einen der Zuschnitte für die Innenseite legen und knappkantig absteppen. So kann beim späteren Zusammennähen nichts verrutschen.

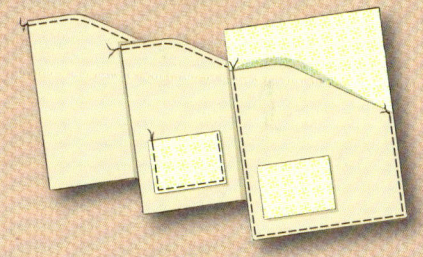

GESCHENKE FÜR MÄNNER

6... Die Zuschnitte für die beiden Innenseiten rechts und links an das schmale Verbindungsstück nähen. Dazu das Verbindungsstück an den linken Rand rechts auf rechts legen (die Schlaufe mit dem Knopfloch liegt links oben) und die lange Seite zusammennähen. Dann das Verbindungsstück an die rechte Seite der Innenseite mit dem Papierfach rechts auf rechts legen und ebenfalls zusammennähen. Die Nähte aufklappen und flachbügeln.

8... Die zusammengenähte Innenseite mit der rechten Seite nach oben flach hinlegen. Am rechten Rand der Innenseite die Lasche gemäß Abbildung legen und ggf. mit einer knappkantigen Naht fixieren.

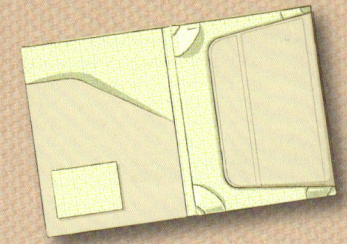

Dann den Zuschnitt für die Außenseite rechts auf rechts legen und den Rand absteppen. Dabei eine große Öffnung zum Wenden (und Einschieben der Vlieseinlage) lassen.

5... Die Zuschnitte für die Schlaufen gemäß Schnittvorlage auf den zweiten Zuschnitt für die Innenseite legen. Die Schlaufen liegen dabei nicht plan auf der Innenseite, sie beschreiben einen Bogen, unter dem später das Tablet befestigt werden kann. Die Schlaufe mit dem Knopfloch liegt dabei links oben. Dann die Ränder festnähen, damit beim späteren Zusammennähen nichts verrutschen kann.

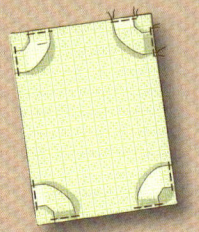

7... Die beiden Zuschnitte für das Hakenband gemäß Schnittvorlage auf die Außenseite nähen (ggf. mit doppelseitigem Klebeband vorher fixieren).

Die Nahtzugabe etwas zurückschneiden und alles auf rechts wenden. Die Ecke ordentlich ausarbeiten und die Tablet-Hülle flachbügeln. Die Zuschnitte aus Vlieseline S 133 zum Test auf die Hülle legen und ggf. einige Millimeter vom Rand abschneiden. Dann die Vlieseinlagen durch die Öffnung in das Innere der Hüllen schieben. Die Zuschnitte liegen nun genau auf der Fläche der Innenseiten, das schmale Verbindungsstück erhält keine Vlieseinlage, damit an dieser Stelle die Hülle um das Tablet gefalzt werden kann. Mit dem Bügeleisen die Vlieseinlagen fixieren.

9... Die beiden Innenseiten absteppen. So werden die Stoff- und Vliesschichten nochmals miteinander verbunden. Dabei werden die vier Schlaufen nochmals etwas abgesteppt, das Tablet hält somit fester unter den Schlaufen und kann nicht frei darin herumrutschen.

Tipp Der Markt bietet mittlerweile eine Vielzahl an Tablets an. Messen Sie die Größe Ihres Tablets und vergleichen diese mit den Maßangaben im Schnittmuster. Bei kleineren Tablets können Sie die Zuschnitte für die Innenseiten von der Größe etwas anpassen — also am oberen und seitlichen Rand etwas abschneiden. Bei der Lasche können Sie die Höhe etwas reduzieren, das Papierfach richtet sich dann nach Ihrer Innenseite. Von der Außenseite können Sie nach dem Zusammennähen die überstehende Nahtzugabe abschneiden.

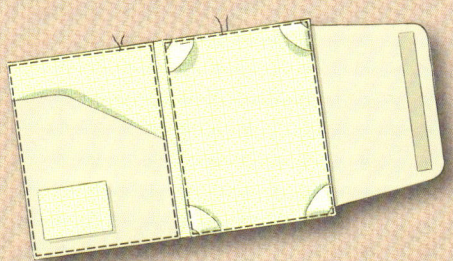

GESCHENKE FÜR MÄNNER | 89

Notizbuch

SCHWIERIGKEITSGRAD 1

GRÖSSE
16 cm x 22 cm

MATERIAL
sehr steifes Leder in Schwarz,
35 cm x 25 cm
Lederstreifen, 50 cm x 2 cm
8 DIN A4-Blätter
Vielzweckklemmen

Leder
1x Hefthülle, 32 cm x 22 cm
1x Streifen zum Zubinden, 50 cm x 2 cm

NAHTZUGABEN
Leder ohne Nahtzugaben zuschneiden.

ANLEITUNG

1... Das oberste der acht Blätter mittig falzen und wieder aufklappen. Dann die Blätter mittig auf die Rückseite des Leders legen und mit den Klemmen befestigen. Das gefalzte Blatt liegt oben.

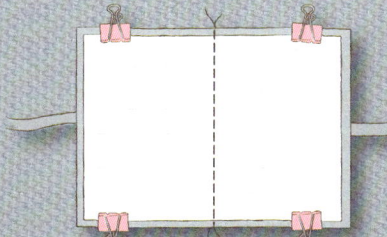

2... Auf der Außenseite des Notizheftes mittig den Streifen mit Klemmen befestigen. Dann entlang der Falzlinie nähen. Das Notizbuch entlang der Naht falzen und den Lederstreifen verknoten.

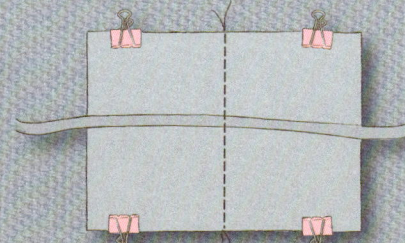

Tipps Die Datei für das linierte Papier können Sie sich unter www.topp-kreativ.de/6335 herunterladen und auf Vorder- und Rückseiten der acht Blätter drucken.
Wenn Sie weiches oder dünnes Leder verwenden, können Sie die beiden Seiten zusätzlich von innen mit einer Lederschicht verstärken. Dazu zwei Zuschnitte (15 cm x 22 cm) links auf links mit Lederkleber auf die Innenseiten kleben, die äußeren Ränder liegen dabei genau übereinander, dann eine Ziernaht am Rand nähen. Schon erhält das Notizbuch mehr Stand. Beachten Sie dabei, dass sich der Verbrauch von Leder erhöht. Nicht jede Nähmaschine kann die gleiche Anzahl Blätter zzgl. zum Leder nähen. Machen Sie eine Nähprobe mit einem Lederrest und mehreren Papieren.

GESCHENKE FÜR MÄNNER | 91

Kappe

SCHWIERIGKEITSGRAD 3

GRÖSSE
S (Kopfumfang 56 cm)
M (Kopfumfang 58 cm)
L (Kopfumfang 60 cm)

MATERIAL
Oberstoff: Wollstoff (Fischgrat-Tweed) in Grau, 70 cm x 50 cm

Formstreifen: Baumwolle in Grün, 4 cm x 70 cm (alternativ Köperband, 2 cm breit, 70 cm lang)

Vlieseinlage 1: Vlieseline G 405, 40 cm x 50 cm

Vlieseinlage 2: Vlieseline S 520, 20 cm x 14 cm

SCHNITTMUSTERBOGEN B

Tipp Wenn Sie den Schnitt für eine Kinderkappe verwenden möchten, verkleinern Sie alle Schnittmusterteile auf 90%. Sie haben dann die passenden Schnittmuster für einen Kopfumfang von 50,4 cm (S), 52,2 cm (M) und 54 cm (L). So steht einem farbenfrohen Exemplar für Kinder nichts mehr im Weg.

NAHTZUGABEN

Stoffe und Vlieseline G 405 mit 1 cm Nahtzugabe zuschneiden, Vlieseline S 520 und Formstreifen ohne Nahtzugabe zuschneiden.

ANLEITUNG

1... Die Vlieseinlage auf die linke Stoffseite der entsprechenden Zuschnitte aus Oberstoff bügeln. Dann die Zuschnitte für den Schirm rechts auf rechts legen und am unteren Bogen zusammennähen. Den Schirm auf rechts wenden und die Nahtkante nochmals knappkantig absteppen.

2... Den Zuschnitt für den Deckel am Stoffbruch zusammenfalzen, die rechte Stoffseite liegt innen. Die Naht zwischen dem Stoffbruch und der hinteren Mitte schließen. Die Naht versäubern und flachbügeln.

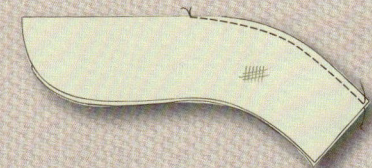

3... Den Schirm mit der Seite des Hutes verbinden. Dazu die rechten Stoffseiten aufeinander legen, die Markierungspunkte 3 liegen übereinander. Dann gemäß Abbildung am Rand zusammennähen.

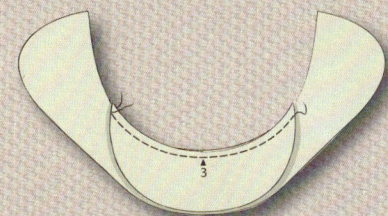

4... Im nächsten Schritt das Seitenteil mit dem Deckel verbinden. Die Markierungen 1 übereinander legen, die rechten Stoffseiten zeigen zueinander. Dann die beiden Ränder aufeinander legen, bis zum Markierungspunkt 2, die rechten Stoffseiten zeigen zueinander, die offenen Webkanten ebenfalls. Erst dann die Naht schließen, versäubern und flachbügeln.

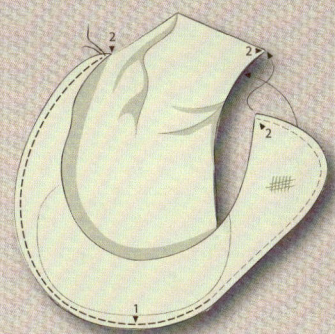

5... Ein Formband an der unteren – noch offenen – Webkante einnähen. Dazu den langen Stoffstreifen mittig falzen, die rechte Stoffseite liegt außen. Dann das Band an der unteren Kante der Kappe feststecken, die Stoffe liegen dabei rechts auf rechts, die offenen Nahtkanten übereinander. Den unteren Rand abnähen und das Band an der Nahtkante in das Innere der Mütze falzen und dort festnähen. Mit ein paar Stichen die untere Lage des Deckels auf den Schirm nähen. (Auf der Abbildung sehen sie den Blick von unten in die Kappe.)

Oberstoff	1x Schnittteil „Deckel" im Stoffbruch
	1x Schnittteil „Seite" im Stoffbruch
	2x Schnittteil „Schirm"
Formstreifen	1x Stoffstreifen 4 cm x 70 cm (Nahtzugabe bereits eingerechnet)
Vlieseinlage 1	1x Schnittteil „Deckel" im Stoffbruch
	1x Schnittteil „Seite" im Stoffbruch
Vlieseinlage 2	1x Schnittteil „Schirm"

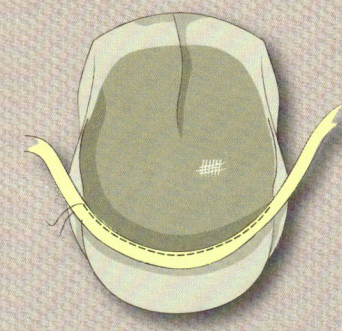

Messenger Bag

SCHWIERIGKEITSGRAD 2

GRÖSSE
26 cm x 28 cm x 8 cm zzgl. Träger

MATERIAL

Oberstoff: Canvas in Beige, 80 cm x 60 cm (oder alte Canvas-Männerhose)

Futterstoff: Baumwolle in Grün gemustert, 80 cm x 60 cm

Vlieseinlage: Vlieseline S 320, 80 cm x 60 cm

Leder in Dunkelbraun, Rest

Gurtband in Beige, 4 cm breit, 180 cm lang

Klemmschnalle, 4 cm breit

Magnetverschluss, ø 2 cm

gewebefreies doppelseitiges Klebeband (z. B. Stylefix), Rest

SCHNITTMUSTERBOGEN B

Tipp Die Tasche links ist aus einer alten Canvas-Hose entstanden. Die Schnittteile wurden so gewählt, dass sich auf der Vorderseite eine Tasche befindet. In diese wurde eine Metallöse eingearbeitet. Dadurch kann ein Kopfhörerkabel gefädelt werden. Wer die Tasche aus Meterware anfertigt, kann natürlich ebenfalls eine Tasche auf die Vorderseite nähen.

NAHTZUGABEN

Stoffe und Vlieseinlagen mit 1 cm Nahtzugabe zuschneiden. Beim Leder ist die Nahtzugabe am unteren Bogen in der Schnittvorlage mit eingezeichnet.

Oberstoff	2x Schnittteil „Tasche" im Stoffbruch
	1x Schnittteil „Klappe" im Stoffbruch
Futterstoff	2x Schnittteil „Tasche" im Stoffbruch
	1x Schnittteil „Klappe" im Stoffbruch
Vlieseinlage	2x Schnittteil „Tasche" im Stoffbruch
	1x Schnittteil „Klappe" im Stoffbruch
Leder	2x Schnittteil „Leder"

ANLEITUNG

1… Die Vlieseinlagen auf die Rückseite der Zuschnitte aus Futterstoff bügeln. Dann die Schnittteile aus Leder gemäß der Schnittvorlage auf der Klappe aus Oberstoff befestigen. Dazu das Leder mit speziellem Lederkleber oder dem doppelseitigen Klebeband an der gewünschten Stelle fixieren und die Ränder mit der Nähmaschine absteppen. Den oberen Abschnitt des Magnetverschlusses an der entsprechenden Stelle auf der Klappe aus Futterstoff befestigen. Ggf. einen zusätzlichen Rest Vlieseinlage auf die linke Stoffseite bügeln, damit der Magnetverschluss mehr Halt hat.

2… Die Zuschnitte der Klappen rechts auf rechts legen und den unteren – gebogenen – Rand absteppen. Dann die Klappe auf rechts wenden und den Rand nochmals absteppen.

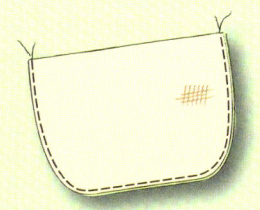

3… Vom Gurtband einen 20 cm langen Abschnitt abschneiden, um den unteren Steg der Klemmschnalle legen und die Enden zusammennähen – so kann bei der weiteren Verarbeitung weniger verrutschen.

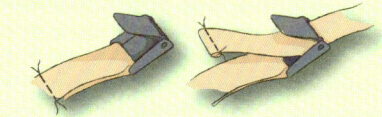

4… Den unteren Teil des Magnetverschlusses an der entsprechenden Stelle der Tasche befestigen (auch hier ggf. etwas Vlieseinlage für mehr Halt vor dem Befestigen aufbügeln). Dann die Zuschnitte für die Tasche rechts auf rechts legen und das Gurtband zwischen die Stofflagen schieben. Auf einer Seite liegt der lange Abschnitt des Gurtbandes, auf der anderen Seite der kurze Abschnitt mit der Klemmschnalle. Die Oberseite der Klemmschnalle zeigt dabei zu der Taschenseite mit dem Magnetverschluss. Dann die Seiten und den Boden schließen. An den beiden Ecken jeweils die Seitennaht auf die Bodennaht legen und die Abnäher gemäß Zeichnung schließen. Nach dem gleichen Prinzip eine Tasche aus Futterstoff nähen. Dabei entfallen natürlich die Gurtbänder und der Magnetverschluss.

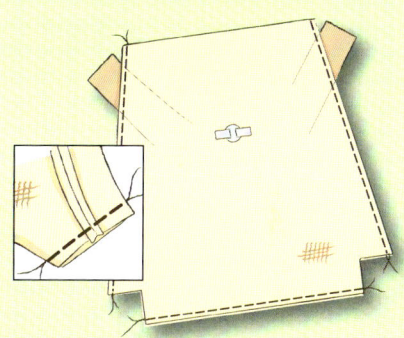

5… Die Tasche aus Oberstoff auf rechts wenden, dann die Klappe am oberen Rand befestigen. Die rechten Stoffseiten aus Oberstoff zeigen zueinander, die Klappe wird an der Rückseite der Tasche (also die Seite ohne Magnetverschluss) befestigt. Dann die Tasche aus Oberstoff in die Tasche aus Futterstoff schieben. Die rechten Stoffseiten liegen aufeinander. Dann den oberen Rand – außer einer Öffnung zum Wenden – schließen und die Tasche auf rechts wenden. Die Tasche flachbügeln und den oberen Rand der Tasche nochmals knappkantig absteppen.

GESCHENKE FÜR MÄNNER | 95

Nackendackel

SCHWIERIGKEITSGRAD 2

GRÖSSE
50 cm x 36 cm x 15 cm

MATERIAL
Oberstoff 1: Cord in Dunkelbraun, 60 cm x 80 cm

Oberstoff 2: Baumwolle in Grau gemustert, 50 cm x 40 cm

2 Knöpfe in Weiß, ø 12 mm

Füllwatte, 400 g

SCHNITTMUSTERBOGEN B

NAHTZUGABEN
Stoffe mit 1 cm Nahtzugabe zuschneiden.

ANLEITUNG

1... Zunächst die Ohren des Dackels nähen. Dazu je einen Zuschnitt aus Oberstoff 1 und 2 rechts auf rechts legen und den äußeren Rand – bis auf eine Wendeöffnung – zusammennähen. Das Ohr verstürzen, die Nahtzugabe an der Wendeöffnung nach innen bügeln, dann den äußeren Rand erneut absteppen. Je ein Ohr auf die Markierung des Dackelkörpers nähen. Dabei darauf achten, dass die Naht nicht zu nah an die Stoffkante des Dackelkopfes reicht. Das Ohr so umknicken und mit Sicherheitsnadeln fixieren, dass der Dackel später problemlos am Rand zusammengenäht werden kann. Den Schwanz rechts auf rechts legen und die langen gebogenen Ränder schließen, den Schwanz auf rechts drehen und leicht mit Füllwatte füllen.

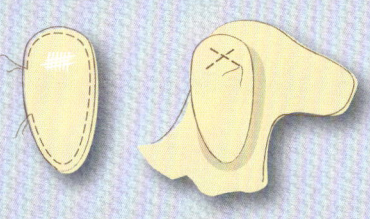

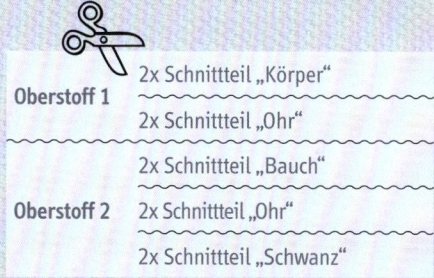

Oberstoff 1	2x Schnittteil „Körper"
	2x Schnittteil „Ohr"
	2x Schnittteil „Bauch"
Oberstoff 2	2x Schnittteil „Ohr"
	2x Schnittteil „Schwanz"

2... Die beiden Bauchteile rechts auf rechts legen und den oberen Rand zusammennähen.

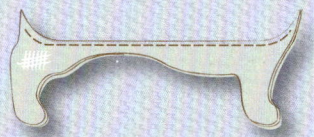

Die Naht nicht bis zum Ende des Stoffes durchführen, sondern 1 cm vorher beginnen und beenden. Die Bauchnaht auseinanderbügeln, dann die Beine und den Bauch rechts auf rechts auf eine Seite des Körpers legen und Beine, Bauch und untere Brust des Dackels schließen. Bei der Naht wieder 1 cm vor dem Rand des Stoffes die Naht beenden. Dann nach dem gleichen Prinzip die andere Seite des Bauchteils an den zweiten Zuschnitt des Körpers nähen.

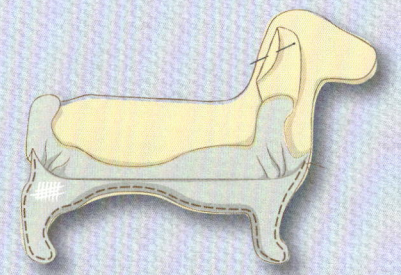

3... Die Dackelhälften rechts auf rechts legen, den Schwanz gemäß Schnittmuster zwischen die Stofflagen schieben, dann die obere Hälfte des Dackels zusammennähen; dabei eine Wendeöffnung lassen. Die Naht beginnt direkt an dem Ende der bereits durchgeführten Nähte, die Nahtenden stoßen an der Brust und unterhalb des Schwanzes des Dackels zusammen.

4... Den Dackel verstürzen, mit Watte füllen und die Wendeöffnung von Hand schließen. Dann die Augen von Hand aufnähen.

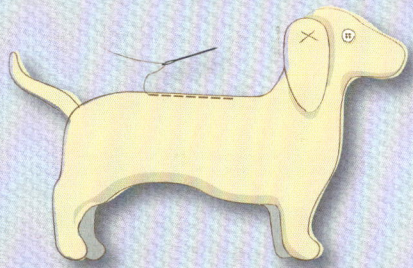

Tipp Füllen Sie ausreichend Watte in den Nackendackel, stopfen Sie ruhig. Insbesondere bei den Beinen ist eine ausreichende Festigkeit wichtig, sonst knicken sie ein.

GESCHENKE FÜR MÄNNER | 97

Kleines Näh-ABC

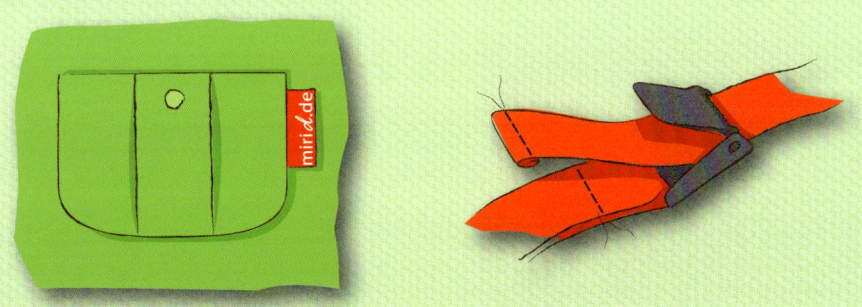

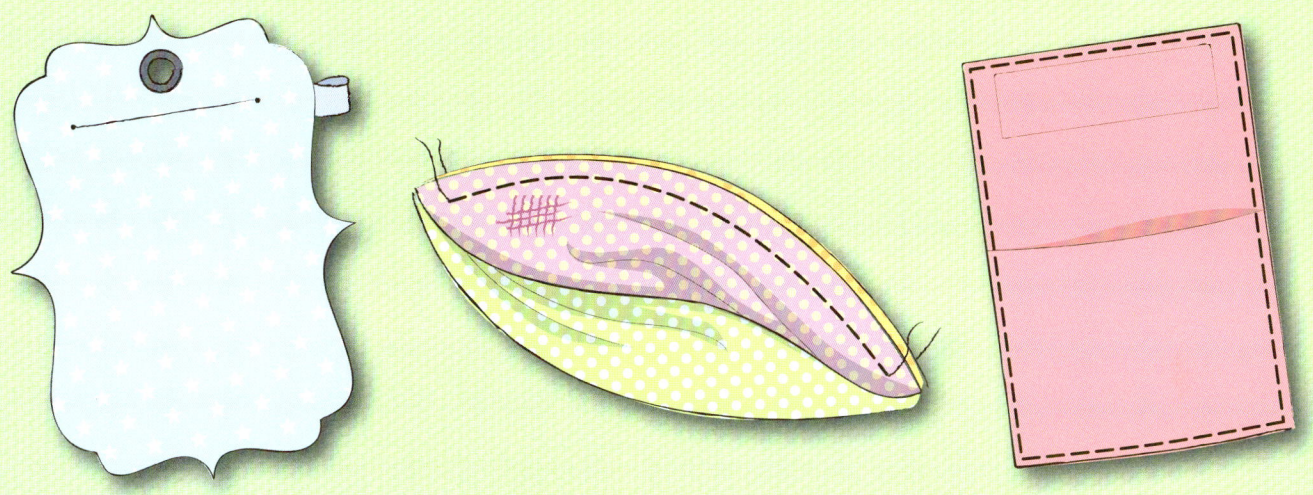

Was war nochmal „verstürzen"? Und wie näht man Ecken am besten?

Im folgenden Kapitel finden Sie alles, was man rund ums Thema Nähen wissen muss, mit vielen nützlichen Tricks und Hinweisen. So können Sie Ihr Lieblingsprojekt problemlos nacharbeiten … oder vielleicht doch gleich alle?

Auf Seite 110 finden Sie schließlich noch Tipps, wie Sie Ihr Geschenk am besten verpacken und individualisieren können.

APPLIKATIONEN

Applikationen sind ein tolles Mittel, um Selbstgenähtes zu verzieren und zu individualisieren. Am besten applizieren Sie Stoff mithilfe von Vliesofix. Dazu bügeln Sie die ◆ Einlage erst an die Applikation, schneiden diese dann aus, bügeln die Applikation auf das Modell und nähen sie zusätzlich noch einmal fest, z. B. mit einem Zickzack-Stich.

AUFTRENNEN

Beim Nähen geschehen bei aller Sorgfalt auch mal kleine Fehler. Falsche oder krumme Nähte lassen sich aber mit einem Nahttrenner oder Pfeiltrenner wieder auftrennen. Arbeiten Sie dabei ganz vorsichtig, um nicht aus Versehen den Stoff zu beschädigen.

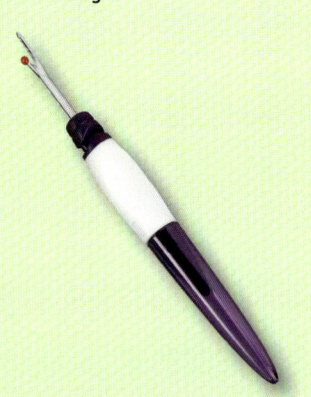

BRIEFECKE NÄHEN

Den Stoffrand (ca. 1 cm) an allen vier Seiten nach innen schlagen und flachbügeln.

Dann die Ecke diagonal falzen und im rechten Winkel zur Falzlinie genau an der Stelle abnähen, an der der Stoff nochmals gefalzt werden soll, damit er über die Vorderseite geschlagen werden kann.

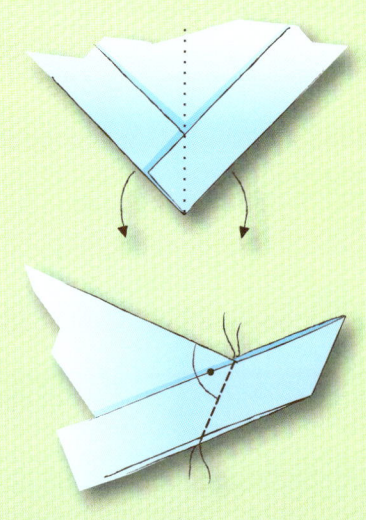

ECKEN NÄHEN

Um ein gerades Stück Stoff um eine Ecke zu nähen, den Stoff an der Ecke einige Millimeter einschneiden, wie abgebildet an den unteren Stoff stecken und festnähen. Bei einem Bogen einfach den geraden Stoff mehrere Male einschneiden, um den Bogen legen und dann festnähen. In beiden Fällen darauf achten, dass die Naht neben dem Einschnitt verläuft und der Einschnitt nach dem Wenden nicht sichtbar ist (siehe auch ◆ Verstürzen).

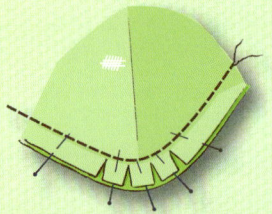

ECKEN- UND KANTENFORMER

Mit dem Ecken- und Kantenformer kann man verstürzte Ecken leicht ausformen. Aber vielleicht findet sich in den Küchenschränken auch ein langer Gegenstand mit stumpfem Ende?

BÜGELN

„Gut gebügelt ist halb genäht". Schon mal gehört den Spruch? Beim Bügeln sollten Sie etwas Zeit investieren und alle Nähte glätten, bevor Sie weiter nähen. Es lohnt sich. Bügeln Sie immer von der linken Seite; sollte dort eine Vlieseinlage aufgebügelt sein, verwenden Sie ein Tuch, um Brandlöcher zu vermeiden.

EINFASSEN

Offene Stoffkanten können leicht mit einem ◆ Schrägband eingefasst werden. Das Schrägband in der Mitte falzen und flachbügeln, dann das Band um die offene Stoffkante legen und festnähen. Stoffkanten, die mit Schrägband versäubert werden, benötigen normalerweise keine ◆ Nahtzugabe.

EINLAGE

Es gibt verschiedene Einlagen (z. B. Vlieseline) für Genähtes zum Aufbügeln oder Einnähen. Die Einlagen dienen dazu, den Modellen Festigkeit und Formbeständigkeit zu verleihen. Grundsätzlich gilt: Je größer das Projekt, desto fester die Einlage.

Für dieses Buch wurden folgende Einlagen verwendet:

Decovil und Decovil Light: Stabile, aber formbare Einlagen mit lederähnlichem Griff. Perfekt für Projekte, die zwar etwas Stand brauchen, aber auch etwas nachgeben dürfen. Decovil Light ist die etwas dünnere und leichtere Variante von Decovil.

G 405: Eine etwas leichtere Einlage mit stabilisierenden Längsfäden.

H 200: Leichte Einlage für Kleinteile, einseitig aufbügelbar.

H 250: Die wohl am häufigsten verwendete Vlieseinlage für leichte bis mittelschwere Stoffe. Sie verhindert das Ausdehnen des Stoffes.

H 630: Ein Volumenvlies zum Aufbügeln.

P 140: Maschinenwaschbares Volumenvlies zum Einnähen.

S 133: Eine sehr stabile (brettähnliche) Einlage. Mit S 133 verstärkte Objekte bleiben formstabil und können – zum Beispiel bei Taschen – den Inhalt schützen.

S 320: Eine leichte Schabraken-Einlage gibt Halt und ist perfekt für Objekte mit leichter Standkraft.

S 520: Eine starke Schabraken-Einlage für festen Halt und viel Standkraft.

Thermolam: Hitzebeständiges Volumenvlies zum Einnähen.

Vliesofix: Ein doppelseitig klebendes Vlies zum Applizieren.

FADENLAUF

Der Fadenlauf verläuft parallel zur ◆ Webkante (äußerer etwas stärkerer Rand, oft sind Informationen zum Stoff auf diesem Rand abgedruckt). Die Pfeile in den Schnittmustern zeigen den Fadenlauf, d. h. beim Zuschneiden der einzelnen Teile sollte der Pfeil sollte immer parallel zur Webkante liegen. Ist bei Stoffresten keine Webkante mehr vorhanden oder der Fadenlauf schwer zu erkennen, kann man am Rand einen Gewebefaden anziehen, der dann die Richtung weist.

FINGERHUT

Beim Nähen mit der Hand schützt ein Fingerhut oder Fingerring die Fingerspitze des Mittelfingers, etwa wenn eine Nadel kraftvoll durch einen dicken Stoff geschoben wird.

GRANULAT

Wasserfestes, körniges Material zum Befüllen von Teddys, Puppen oder auch Buchstützen. Es ist schwerer als Füllwatte, lässt sich aber leichter formen. Achten Sie bei Projekten für Kinder darauf, dass das Granulat lebensmittelecht ist und nicht stark riecht. Außerdem sollte es waschbar sein. Wählen Sie außerdem kein zu feines Granulat, da dieses leicht aus den Nähten herausrutschen kann. Um zu verhindern, dass die Granulatkügelchen aus den Nähten kommen, empfiehlt es sich, eine Innenhülle zu nähen. Diese kann aus einem leicht fallenden Material sein (Organza, Seide) und wird etwas kleiner als die Außenhülle zugeschnitten. Die Stichbreite sollte möglichst eng gewählt werden.

HANDMASS

Ein Handmaß ist praktisch zum Markieren von ◆ Nahtzugaben. Die Einkerbungen helfen, gleichmäßige Säume zu zeichnen.

HEFTEN

Mit der Hand grob etwas vornähen, nach dem Zusammennähen mit der Nähmaschine wird diese Naht wieder entfernt. Diese Arbeit kann man sich häufig sparen, indem man die Schnittteile mit Stecknadeln zusammenheftet.

KAM SNAPS

Kam Snaps sind kleine Plastik-Druckknöpfe, die einfach mit einer Zange befestigt werden. Sie sind günstig, nach Ökotex Standard zertifiziert und in allen Farben erhältlich. Allerdings sind auch alle anderen Arten von Knöpfen problemlos verwendbar, Sie benötigen dann die passenden Knopflöcher.

KREIDE

Mit Schneiderkreide lassen sich Schnittmuster und Markierungen auf Stoff übertragen. Kreidereste können nach dem Verarbeiten leicht ausgeschüttelt werden oder verschwinden beim ersten Waschen. Ich persönlich arbeite lieber mit einem ◆ Trickmarker, mit ihm lassen sich feinere Linien zeichnen.

LABEL

Wenn Sie schon nähen, sollten Sie Ihren Modellen auch „Ihren Stempel aufdrücken". Und das ist wörtlich gemeint. Lassen Sie sich einen Stempel anfertigen mit Ihrem Zeichen und/oder Ihrem Namen. Den Stempel können Sie mit Stoff-Stempelkissen dann auf Ihr Geschenk stempeln. Oder Sie lassen sich kleine Namensbänder anfertigen, die Sie in eine Naht einnähen oder auf das Projekt aufnähen können.

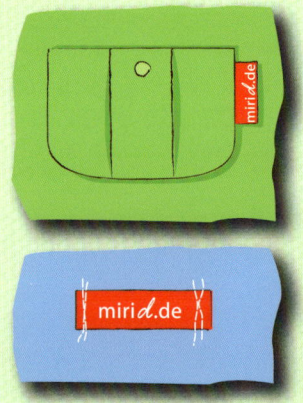

KLEBSTOFFE

Für das Buch wurden Vliesofix, Stylefix, Textilkleber und Kontaktkleber verwendet. Vliesofix eignet sich perfekt, um zwei Stoffe aufeinander zu „kleben". Stylefix ist ein sehr schmales doppelseitiges Klebeband ohne Gewebe, mit dem z. B. Klettverschlüsse gut fixiert werden können, um sie festzunähen. Textilkleber und Kontaktkleber sind Klebstoffe, mit denen Stoff und andere Materialien wie ◆ Leder verbunden werden können. Die genaue Anwendung wird im Normalfall vom Hersteller erklärt.

KLETTBAND

Klettbänder bestehen aus einem Hakenband und einem Flauschband, im Internet gibt es mittlerweile unzählige Breiten und viele Farben. Zum Aufnähen die Bänder mit Stylefix auf die gewünschte Stelle auf den Stoff kleben, dann am Rand mit einer großen Stichlänge aufnähen.

KNOPFLOCH

Mit einem Knopflochprogramm an der Nähmaschine lassen sich perfekte Knopflöcher nähen. Wenn Sie Knopflöcher in sehr dünnen Stoff nähen möchten, empfiehlt sich eine Verstärkung auf der Rückseite, z. B. mit einer weiteren Stoffschicht oder einer aufbügelbaren Vlieseinlage. Nach dem Nähen schneiden Sie das Knopfloch vorsichtig mit einem ◆ Nahttrenner auf.

LEDER

Stellt beim Verarbeiten besondere Ansprüche. Heften Sie die Schnittteile mit ◆ Vielzweckklemmen zusammen, um Löcher von Stecknadeln zu vermeiden. Wählen Sie außerdem eine große Stichlänge und verwenden Sie einen Teflon-Nähfuß, um ein „Festkleben" des Nähfußes am Leder zu vermeiden. Alternativ können Sie unter den Nähfuß Papierstreifen klemmen, die jedoch nicht mit festgenäht werden. Zum Fixieren können Sie Textil- oder Kontaktkleber verwenden, so verrutscht beim späteren Annähen das Leder nicht so stark.

LINKS AUF LINKS

Bedeutet, dass die beiden Stofflagen beim Zusammennähen mit der Stoffrückseite zueinander liegen, die schöne Seite liegt also außen. Bei den Abbildungen im Buch ist die linke Stoffseite mit einigen durchgekreuzten Strichen gekennzeichnet.

MASSBAND

Ein Maßband benötigen Sie besonders bei größeren Projekten wie der Decke, um Längen und Abstände abzumessen oder um ◆ Nahtzugaben anzuzeichnen.

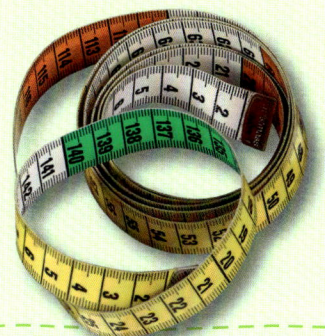

MARKIERUNGEN ÜBERTRAGEN

Einige Schnitte enthalten kleine Markierungen (Pfeile), diese mit Schneiderkreide oder einem ◆ Trickmarker auf den Stoff übertragen. Für das Nähen kann man sich zwar auch an den Schnittkanten orientieren, wenn Sie aber noch unsicher sind, macht es Sinn, neben Markierungen auch die Nahtlinien, also den Umriss der Schnittteile, auf den Stoff zu übertragen. Markierungen wie Knopflöcher oder Ansatzpunkte für Applikationen müssen auf die rechte Stoffseite übertragen werden, da sie später von der rechten Seite gearbeitet werden. Bei doppelt gelegtem Stoff befindet sich beim Verarbeiten die rechte Stoffseite im Normalfall innen. Die gewünschte Stelle können Sie aber mit einer Stecknadel markieren.

MUSTERRICHTUNG

Bei gemusterten Stoffen sollten Sie beim Zuschneiden darauf achten, dass das Muster nicht auf dem Kopf steht. Bei symmetrischen Mustern kann der Stoff um 180° gedreht werden, bei asymmetrischen jedoch nicht.

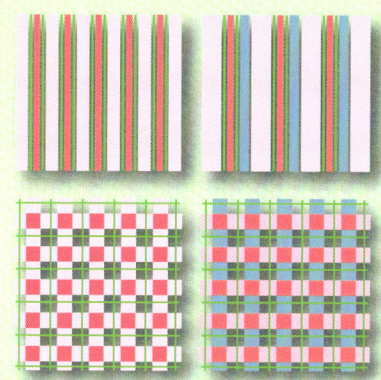

Durch den ◆ Rapport des Musters müssen Sie die Schnitte vielleicht etwas großzügiger auflegen. Zusätzlich muss darauf geachtet werden, dass in den Nähten die Linien übereinander liegen, sonst gibt es unschöne Versätze. Als Näheinsteiger sollten Sie für Ihre ersten Modelle aber besser einfarbige Stoffe oder unkomplizierte Muster verwenden. So fällt der Zuschnitt leichter und Sie können sich beim Maschinennähen ganz auf Technik und Genauigkeit konzentrieren. Ansonsten empfiehlt es sich beim Nähen mit der Maschine bei gemusterten Stoffen, Unter- und Obertransport einzuschalten. So wird ein Verschieben der Stoffe verhindert und die Muster passen später an der Naht exakt zusammen.

NADELN

Sie brauchen drei Arten von Nadeln: Stecknadeln zum Zusammenstecken der Stoffteile, Handnähnadeln zum Schließen von Wendeöffnungen und zum Heften der Stoffe sowie Nähmaschinennadeln. Stecknadeln gibt es mit verschiedenen Köpfen. Für die kleinen Projekte in diesem Buch eignen sich am besten Stecknadeln mit kleinen Metallköpfen, da sie am wenigsten auftragen. Für die Nähmaschine brauchen Sie Universalnadeln (Kennzeichnung H) der Stärke 70-90.

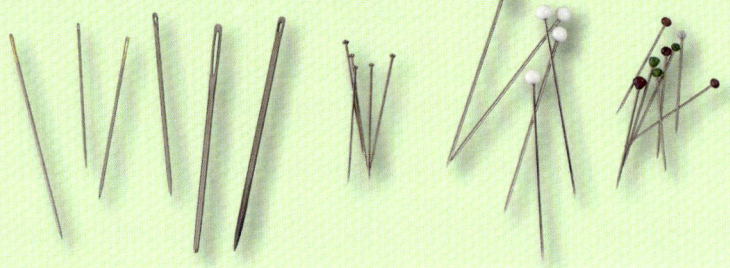

NÄHGARNE

Der Handel bietet eine fast unendliche Vielfalt an Nähgarnen in verschiedenen Längen, Qualitäten und Farben an. Für die Projekte im Buch eignet sich ein einfacher „Allesnäher": ein reißfestes, waschbares, ganz leicht elastisches Garn aus Polyester. Es lässt sich leicht verarbeiten und eignet sich für leichte bis mittelfeste Stoffe. Um „Ramschkisten" mit Sonderangeboten mache ich lieber einen Bogen, die Garne sind qualitativ einfach nicht so gut und reißen leicht. Für normale Näharbeiten sollte für Unter- und Oberfaden die gleiche Garnqualität und -farbe verwendet werden. Dabei wird das Garn eine Nuance dunkler gewählt als die Farbe des Stoffes, dadurch wirkt es weniger auffällig. Für einen dekorativen Effekt kann man aber auch eine Kontrastfarbe zum Stoff wählen.

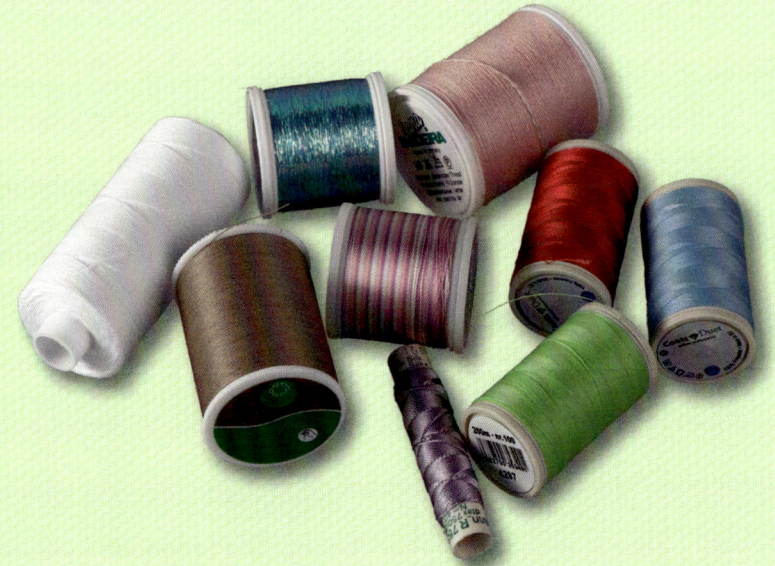

NÄHMASCHINE

Das Werkzeug schlechthin. „Alten Hasen" kann ich an dieser Stelle nichts Neues mehr mit auf den Weg geben. Allen Näh-Neulingen sei gesagt, dass – auch wenn die Preise höher liegen als im Internet – eine persönliche Beratung zum besten Ergebnis führt. Lassen Sie sich eine robuste und leicht zu bedienende Maschine empfehlen. Erklären Sie, wofür Sie die Maschine brauchen (Jersey nähen, Baumwolle, Satteltaschen aus Leder, ...) Eine unübersichtliche Anzahl von Nähstichen ist am Anfang nicht nötig, meist reichen 6-10 Sticharten aus (Geradstich, Zickzack, dehnbarer Stich beziehungsweise Overlock-Stich sind meist dabei. Praktisch finde ich auch ein Programm für Knopflöcher). Vielleicht haben Sie aber auch ein altes Modell irgendwo stehen oder geschenkt bekommen. Dies kann durchaus eine gute Alternative zu einer neuen Maschine sein. Lassen Sie das gute Stück von einem Nähmaschinen-Service durchchecken.

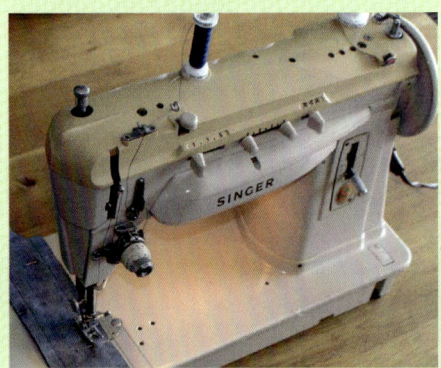

Wer aus meinem ersten Taschen-Nähbuch noch mein Kätzchen kennt: Ich muss bekennen, dass ich mir ein neues Nähmaschinen-Modell zugelegt habe. Ich nähe viele T-Shirts und bin mit dem Stofftransport von meinem „Kätzchen" an die Grenzen gestoßen. Für schwere Stoffe, Leder oder LKW-Plane gibt es aber kein zuverlässigeres Gerät als (m)eine alte Maschine aus den 60er Jahren.

NAHTZUGABE

Die Schnittvorlagen in diesem Buch enthalten keine Nahtzugabe, sie muss nach dem Auflegen des Schnittmusters auf den Stoff noch dazugerechnet werden. Zeichnen Sie die Nahtzugabe nach dem ◆ Schnittteile Auflegen mit einem ◆ Trickmarker und mithilfe eines ◆ Handmaßes rings um das Schnittteil ein. Entlang der eingezeichneten Markierung wird dann zugeschnitten (◆ Zuschneiden). Die richtige Breite der Nahtzugabe richtet sich nach Ihrem Gusto und nach möglichen Orientierungslinien auf der Bodenplatte Ihrer Nähmaschine.

Meine Maschine hat eine Einkerbung bei 1 cm, somit ist die Nahtzugabe bei mir immer 1 cm. Die Nahtzugabe sollte innerhalb eines Projektes immer die gleiche sein, damit die Schnittkanten später beim Nähen exakt aufeinander liegen.

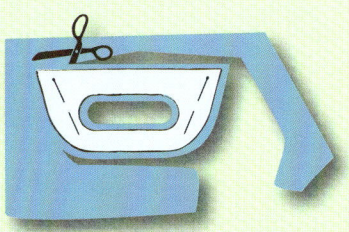

ÖSEN UND NIETEN

Wenn Sie öfter mit solchen Verschlüssen arbeiten, lohnt sich eine Vario-Zange. Ansonsten lassen sich die Ösen und Nieten aber auch mit einem Hammer auf festem Grund schließen.

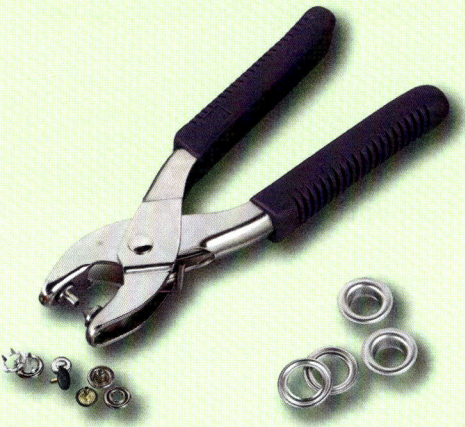

OVERLOCK-MASCHINE

Eine Overlock-Maschine schneidet einen Stoffrand gerade ab und versäumt ihn gleichzeitig. Schauen Sie sich die Nähte Ihrer T-Shirts an, sie wurden mit einer Overlock-Maschine genäht. Die Maschine arbeitet meist mit 4 Fäden, die Nähte bleiben außerdem dehnbar. Die meisten normalen Nähmaschinen haben ein Programm, in dem ein Overlock-Stich simuliert wird, der dann auch dehnbar ist. Den Stoff sauber abschneiden müssen Sie allerdings selbst...

PASPEL

Mit Paspelband kann man Nähte akzentuieren und auch stabilisieren. Der Handel bietet Paspeln in allen Farben an. Mithilfe von Schrägband, einer dünnen Anorakkordel und des Reißverschluß-Füßchens lassen sich Paspeln auch selbst herstellen.

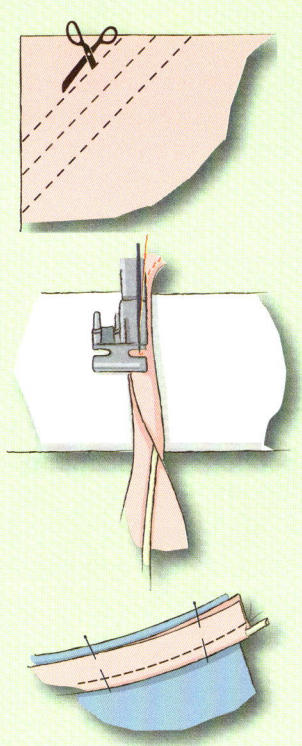

PATCHWORK

Für einen Hauch von Hippie nähen Sie einfach mehrere Stoffreste zusammen und schneiden dann den Schnitt aus.

RAPPORT

Der Rapport ist ein Teil eines Musters, das sich in regelmäßigen Abständen wiederholt. Bei einer ◆ Musterrichtung ist darauf zu achten, dass sich der Stoffverbrauch erhöht. Außerdem ist – wie bei gestreiften oder karierten Stoffen – darauf zu achten, dass das Muster an der Naht keinen Versatz hat.

RECHTS AUF RECHTS

Bedeutet, dass die beiden Stofflagen beim Zusammennähen mit den Stoffoberseiten zueinander liegen, die schöne Seite liegt also innen. Nach dem späteren ◆ Verstürzen liegen die Oberseiten außen und die Nähte innen.

REISSVERSCHLÜSSE

Der Handel bietet auch im Bereich der Reißverschlüsse eine schier unzählbare Menge an Varianten und Farben. Die hier am häufigsten verwendeten Reißverschlüsse sind sogenannte „Profilverschlüsse" mit Zähnchen aus Kunststoff. Als besonders praktisch haben sich Endlosreißverschlüsse erwiesen: Man kauft sie vom Meter und fügt die Schieber von Hand ein. Das Zusammensetzen bedarf etwas Übung, den meisten Endlosreißverschlüssen liegt aber eine Anleitung bei.

SCHEREN

Für das Nähen sind mehrere verschiedene Scheren sehr praktisch. Mit einer Stoffschere schneiden Sie alle Teile aus Stoff zu. Auf keinen Fall sollten Sie mit der Stoffschere Papier schneiden, dadurch wird sie sehr schnell stumpf. Stoffscheren sind leicht gebogen, damit man den Stoff beim ◆ Zuschneiden nicht anheben muss, wodurch er verrutschen könnte. Für Papier – also Schnittmuster – benötigt man eine einfache Papierschere. Außerdem ist eine sehr kleine spitze Schere – eine Stickschere – sehr praktisch zum Abschneiden von Fäden oder Einknipsen von Nahtzugaben. Bei manchen Stoffarten, die sehr schnell ausfransen, empfiehlt sich eine Zickzack-Schere.

SCHMUCKSTEINE

Schmucksteine sind Strasssteine, die mit speziellem Schmucksteinkleber für Textilien angeklebt werden können. Sie überstehen die Wäsche, wenn die Textilien vorsichtig und nicht zu heiß auf links gewaschen werden.

SCHNITTTEILE AUFLEGEN

Den Stoff bügeln, dann die einzelnen Schnittteile auf den Stoff legen und mit Nadeln fixieren. Dabei die Angaben zu ◆ Stoffbruch, ◆ Fadenlauf und ◆ Musterrichtung beachten. Die einzelnen Schnittvorlagen mit ◆ Nahtzugabe ausschneiden und die ◆ Markierungen auf den Stoff übertragen. Um die Stofffläche optimal auszunutzen, kann es sinnvoll sein, die Schnittteile nach und nach auszuschneiden und dafür immer wieder einen neuen Stoffbruch zu falten. Beim Falten liegt die rechte Stoffseite immer innen.

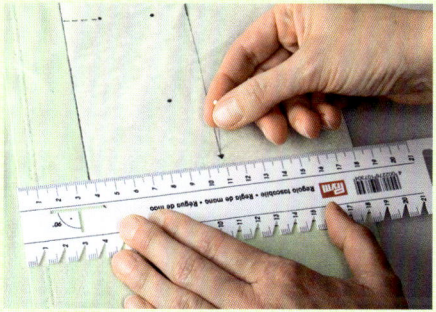

SCHNITT ÜBERTRAGEN

Pausen Sie alle Schnittmuster des gewählten Projektes vom Vorlagenbogen ab. Vergessen Sie nicht die in der Schnittvorlage enthaltenen Markierungen und Informationen (◆ Stoffbruch, ◆ Fadenlauf etc.). Um Platz zu sparen werden Schnittmuster oft überlappend mit denen anderer Modelle aufgedruckt. Deshalb ist es sinnvoll, die Schnittmuster nicht direkt auszuschneiden. Praktisch zum Durchpausen ist spezielles – leicht transparentes – Schnittmusterpapier, günstiger ist bei kleinen Vorlagen aber Butterbrotpapier.

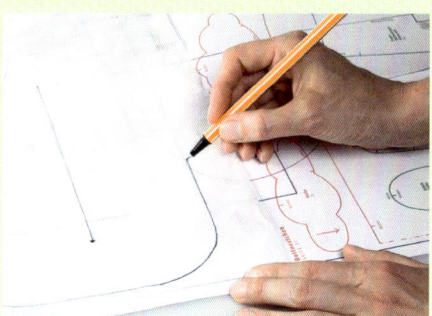

STEPPEN

Mit „steppen" ist das Nähen einer geraden Naht gemeint, siehe ◆ Sticharten.

STICHARTEN

Die in diesem Buch gezeigten Projekte werden aus vier Sticharten angefertigt: Steppstich zum Schließen aller Nähte, Zickzack-Stich oder simulierter Overlock-Stich zum Versäubern mit der Nähmaschine und alternativ der echte Overlock-Stich mit einer ◆ Overlock-Maschine – falls vorhanden.

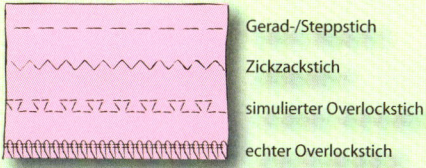

Gerad-/Steppstich
Zickzackstich
simulierter Overlockstich
echter Overlockstich

STOFFBRUCH

Einige Schnitte enthalten den Hinweis „im Stoffbruch zuschneiden". In diesen Fällen ist das Schnittmuster nur zur Hälfte auf dem Schnittmusterbogen aufgezeichnet. Zum Übertragen des Schnittes auf den Stoff falzen Sie den Stoff im ◆ Fadenlauf und legen die gestrichelte Linie des Schnittmusters – also den Stoffbruch – auf die gefalzte Linie. Dann können Sie den Schnitt mit ◆ Nahtzugabe ausschneiden.

SCHRÄGBAND/SCHRÄGSTREIFEN

Der Handel bietet fertiges Schrägband. In den meisten Fällen handelt es sich um einfarbige Bänder, hin und wieder werden karierte oder gestreifte Bänder angeboten. Wenn Sie Schrägbänder passend zu Ihren Stoffen benötigen, helfen sogenannte Schrägbandformer. Es gibt sie in verschiedenen Breiten und von verschiedenen Anbietern. Eine Erklärung liegt den Schrägbandformern aber immer bei. Anwendung von Schrägband, siehe ◆ Einfassen.

STOFFE

Für fast alle in diesem Buch beschriebenen Projekte wurden Baumwollstoffe verwendet. Sie lassen sich besonders gut verarbeiten, da sie problemlos für den Zuschnitt markiert werden können und sich nicht verziehen. Sie sind außerdem leicht zu pflegen und die Kanten fransen wenig aus. In den Materialangaben in diesem Buch findet sich immer eine Angabe der benötigten Stoffmenge, diese hängt jedoch von der Stoffbreite ab (siehe auch ◆ Stoffverbrauch). Am besten, Sie messen vor dem Stoffkauf anhand der zugeschnittenen Schnittmuster den Stoffbedarf, indem Sie sie probeweise z. B. auf einer Tischdecke auslegen. Beachten Sie vor dem Zuschneiden den ◆ Fadenlauf und die ◆ Musterrichtung und waschen Sie den Stoff nach Pflegeempfehlung vor und bügeln ihn. Vor allem Baumwolle und Leinen können beim Waschen etwas einlaufen. Für Projekte, die später nicht mehr gewaschen werden, ist diese Vorbehandlung nicht unbedingt notwendig.

STOFFE VORWASCHEN

Bevor die Stoffe zugeschnitten und verarbeitet werden, sollten sie nach Pflegeempfehlung vorgewaschen werden. Vor allem Baumwolle und Leinen können beim Waschen etwas einlaufen. Nicht waschbare Stoffe, Baumwollreißverschlüsse und Webbänder mit dem Dampfbügeleisen oder unter einem feuchten Tuch bügeln.

STOFFVERBRAUCH

Die Nähanleitungen enthalten immer eine empfohlene – großzügige – Angabe für den Stoffverbrauch. Durch anderes Anordnen der Schnittvorlagen kann sich der Verbrauch aber ändern. Bei Stoffen mit Strichrichtung (Cord etc.) müssen alle Teile in einer Richtung aufgelegt werden und der Verbrauch ändert sich. Ebenso kann sich der Verbrauch erhöhen bei karierten und gestreiften Stoffen oder bei Stoffen mit ◆ Musterrichtung.

Tipp Übertragen Sie alle Schnittvorlagen auf Papier oder eine Tischdecke und messen Sie dann aus, wie viel Stoff Sie brauchen.

TRICKMARKER

Mit dem Trickmarker kann man Markierungen, Falzlinien oder Abnäher aufmalen, die Linien verschwinden entweder von allein nach einiger Zeit oder mit Hilfe von Wasser je nach Marke. Es gibt sie in Farbig oder Weiß, damit man sie sowohl auf hellen als auch auf dunklen Stoffen sieht. Testen Sie den Stift immer zuerst auf einem Probestück!

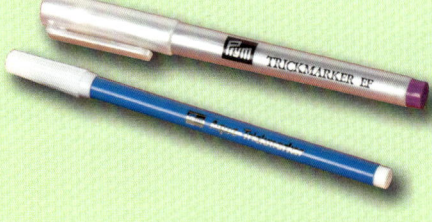

VERNÄHEN

Damit sich eine genähte Naht nicht wieder auftrennt, am Anfang und am Ende den Faden vernähen. Dazu einfach einige Stiche vor und zurück nähen.

VERSÄUBERN

Nachdem Sie zwei Stoffteile zusammengenäht haben, bleiben an der Nahtzugabe offene Stoffkanten stehen. Diese Ränder sollten mit einem Zickzack-Stich oder einem Overlock-Stich genäht – also versäubert – werden, um sie vor dem Auftrennen zu schützen, siehe ◆ Sticharten.

VERSTÜRZEN

Damit ist das Wenden der zusammengenähten Stoffteile durch eine ◆ Wendeöffnung gemeint. Beim Verstürzen von Rundungen ist zu beachten, dass sie vor dem Wenden eingeschnitten werden müssen.

Ecken werden diagonal abgeschnitten. Dabei nicht zu nah an die Naht heran schneiden, sondern 2 mm Stoff stehen lassen.

Außenrundungen v-förmig einschneiden, jedoch nicht bis zur Naht schneiden, sondern 2 mm Stoff stehen lassen.

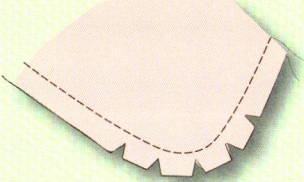

Innenrundungen gerade einschneiden, damit die Naht nach dem Wenden flach liegt. Der Bogen in der Schnittkante ist kleiner als der Bogen der Naht. Ohne Einschnitte würde die Nahtzugabe spannen und zu einer Wulst unter der Naht führen.

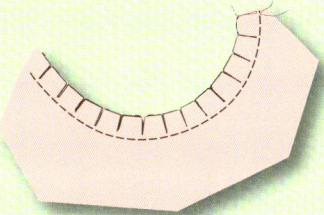

Nach dem Wenden die Nähte flachbügeln.

VIELZWECKKLEMME

Mit Vielzweckklemmen oder Wonderclips lassen sich mehrere Lagen Stoff und Vlieseinlage sehr genau zusammenhalten. Bei Materialien wie Leder oder Wachstuch hinterlassen sie keine Löcher.

VLIESELINE

Siehe ◆ Einlagen

WEBKANTE

Beim Weben des Stoffes entstehen seitlich in Längsrichtung Webkanten. Sie liegen parallel zum Fadenlauf. Sie sind etwas fester als der restliche Stoff und manchmal nicht eingefärbt. Daher sollten sie außer als Nahtzugaben nicht beim Zuschneiden miteinbezogen werden.

WENDEÖFFNUNG

Am leichtesten geht das Verstürzen, wenn eine Öffnung an einer geraden Seite gelassen wird. Die kann zum Beispiel beim Zusammennähen von Innenfutter und Außenfutter geschehen (wie in den meisten Anleitungen beschrieben ist). Alternativ kann die Wendeöffnung auch an einer der Nähte im Futterstoff gelassen werden. So ist sie später nicht mehr sichtbar. Hier zwei Beispiele für Wendeöffnungen (im Futterstoff!)

WONDERCLIP

Siehe ◆ Vielzweckklemme

ZACKENLITZE

Gewellte Borte, die einfach mittig mit einem geraden Stich angenäht werden kann. Besonders leicht lassen sich Borten und Bänder aufnähen, wenn sie vorher mit einem doppelseitigen und gewebefreien Klebeband (Stylefix) befestigt werden. Bügeln Sie Borten und Bänder vor dem Verarbeiten, sie schrumpfen immer ein wenig.

ZUSCHNEIDEN

Den Stoff entlang der Nahtzugabenmarkierung (Achtung: nicht entlang der Nahtlinie!) mit einer Schneiderschere zuschneiden. Dabei so wenig wie möglich anheben, da sich sonst die Schnittteile verschieben können. Den Stoff mit der freien Hand dicht neben der Schnittlinie festhalten und in langen Schnitten arbeiten.

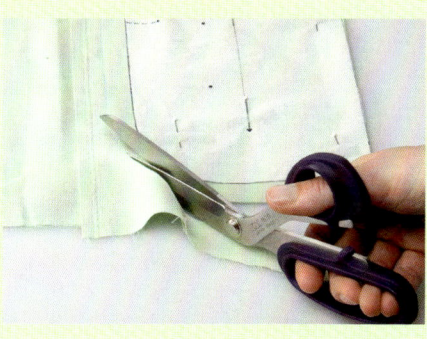

Geschenke individualisieren, verpacken und dekorieren

GESCHENKE INDIVIDUALISIEREN

Hier finden Sie Tipps, wie Sie Ihr selbstgenähtes Geschenk am besten individualisieren können, damit es ganz zu dem Beschenkten passt und eine persönlichere Note bekommt:

- Suchen Sie Stoffe, Farben und Muster aus, die dem Empfänger gefallen könnten. Alle Modelle in diesem Buch lassen sich als Farbvariante nähen. Sie wissen nicht, welche Lieblingsfarbe der Empfänger des Geschenks hat? Vielleicht helfen dann diese Fragen: Welche Farben trägt er häufig? Wie ist die Wohnung eingerichtet? Eher schlicht und monochrom, edel oder kunterbunt? Finden sich im Umfeld des Empfängers viele Muster und Accessoires oder mag er es lieber reduziert und ohne Firlefanz?
- Geben Sie den genähten Geschenken kleine Beigaben zu, z. B. der Lieblingstee zum Mug Rug oder ein wenig Kosmetik für die Täschchen.
- Die Geschenke sind zwar hier im Buch in Gruppen eingeteilt, aber daran müssen Sie sich nicht halten! Die Tablet-Tasche wird in zarten Pastellfarben zum trendigen Accessoire für die modebewusste Freundin, Kinder freuen sich über ein bunt gemustertes Utensilo.

GESCHENKE VERPACKEN

Ein Buch oder eine DVD einzupacken, das ist nicht kompliziert. Schwieriger wird es bei allen Geschenken, die weich und nicht viereckig sind. Deshalb hier ein paar Tipps, wie man auch das Einpacken der Modelle dieses Buches meistert:

- Sollten Sie ganz unförmige Geschenke haben, dann besorgen Sie sich am besten eine passende Schachtel, die Sie dann entweder mit Geschenkpapier einpacken oder direkt bekleben – mit Fotos, Bildern oder was Ihnen sonst gefällt.
- Sie können ein Geschenk auch wie ein Bonbon einpacken, indem Sie das Geschenkpapier an einer oder zwei Seiten mit Geschenkband raffen.
- Sehr weiche Geschenke wickelt man am besten zuerst in Seidenpapier, sonst verknittert das Geschenkpapier zu sehr.
- Man kann natürlich auch ungewöhnliches Material verwenden, z. B. Tücher oder versäumten Stoff. Dieses Material ist wiederverwendbar und passt sich der Geschenkform an.

GESCHENKE DEKORIEREN

Es gibt unzählige Varianten, ein Geschenk zu dekorieren, z. B. kleine genähte Zugaben, wie die Broschen von Seite 22 oder kleine geschriebene oder gestickte Geschenkanhänger aus Papier oder Stoff.

SIE BRAUCHEN NOCH SCHÖNE STOFFE, UM IHRE GESCHENKE ZU NÄHEN?

Passend zu den Modellen „Kosmetiktäschchen", „Minitäschchen" und „Lampenschirm" aus diesem Buch finden Sie bei uns die Stoffpakete „Leonie" und „Amelie". Auch andere kleine Nähprojekte, wie die Jonglierbälle oder die Stoffbroschen, lassen sich aus diesen Stoffpaketen zaubern und eine zusätzliche Anleitung gibt es obendrein zu jedem Paket! Passend zu unseren Stoffen gibt es wunderschöne Stoffknöpfe, die sich auch zum Verzieren eignen.

Stoffpaket Leonie
TOPP 19526

Stoffpaket Amelie
TOPP 19525

Stoffknöpfe Leonie
TOPP 19529

Stoffknöpfe Amelie
TOPP 19528

STOFFPAKETE, STOFFKNÖPFE, WEITERE ANLEITUNGEN, INSPIRATIONEN UND INTERESSANTE TITEL FINDEN SIE UNTER WWW.TOPP-KREATIV.DE

Miriam Dornemann kam über einen kurzen Umweg als Beamtin vor einigen Jahren bei ihrem Traumberuf als Grafikerin und Illustratorin an. Seitdem verbinden sich Hobby und Arbeit ganz unproblematisch. Kreative Experimente müssen allerdings bis in die späten Abendstunden warten, bis ihr kleiner Sohn im Bett ist. Dann aber gibt es kein Halten mehr und sie malt, näht, filzt oder arbeitet mit Papier.

Genäht hat sie schon von Kindheit an, zunächst Puppenkleider und einfache Taschen, später dann Kleidung und … noch mehr Taschen. Nach ihren drei Taschen-Bestsellern freut sie sich, mit diesem Buch ein neues Territorium zu bestreiten.

Weitere kreative Ideen aus Papier und Stoff gibt es in ihrem Blog: www.mirid.de

HILFESTELLUNG ZU ALLEN FRAGEN, DIE MATERIALIEN UND KREATIVBÜCHER BETREFFEN: FRAU ERIKA NOLL BERÄT SIE. RUFEN SIE AN: 05052/91 18 58*

*normale Telefongebühren

Wir danken den Firmen Coats (Kenzingen), Hotex (Cham), Bags'n Style (Erlangen) und Westfalenstoffe (Münster) für die freundliche Unterstützung mit Materialien.

MODELLE: Miriam Dornemann
PROJEKTMANAGEMENT UND LEKTORAT: Josefine Loimeier
LAYOUT: Petra Theilfarth
FOTOS: frechverlag GmbH, 70499 Stuttgart; lichtpunkt, Michael Ruder, Stuttgart
ILLUSTRATIONEN: Miriam Dornemann
DRUCK UND BINDUNG: Neografia, Slowakei

Materialangaben und Arbeitshinweise in diesem Buch wurden von der Autorin und den Mitarbeitern des Verlags sorgfältig geprüft. Eine Garantie wird jedoch nicht übernommen. Autorin und Verlag können für eventuell auftretende Fehler oder Schäden nicht haftbar gemacht werden. Das Werk und die darin gezeigten Modelle sind urheberrechtlich geschützt. Die Vervielfältigung und Verbreitung ist, außer für private, nicht kommerzielle Zwecke, untersagt und wird zivil- und strafrechtlich verfolgt. Dies gilt insbesondere für eine Verbreitung des Werkes durch Fotokopien, Film, Funk und Fernsehen, elektronische Medien und Internet sowie für eine gewerbliche Nutzung der gezeigten Modelle. Bei Verwendung im Unterricht und in Kursen ist auf dieses Buch hinzuweisen.

4. Auflage 2014
© 2013 **frechverlag** GmbH, 70499 Stuttgart
ISBN 978-3-7724-6335-8 • Best.-Nr. 6335